100 VIAGENS INSPIRADORAS

Belos templos, igrejas, santuários, monumentos e paisagens conectados à elevação espiritual nos quatro cantos do planeta

PUBLIFOLHA

100 VIAGENS INSPIRADORAS

COLABORADORES
Michael Ondaatje • Joseph Marshall III • Paul Theroux
Andrew Motion • Jan Morris • Mark Tully • Alexander McCall Smith

PREFÁCIO Pico Iyer

COORDENAÇÃO DO PROJETO
PUBLIFOLHA
Editora-assistente: Thais Rimkus
Coordenação de produção gráfica: Mariana Metidieri

PRODUÇÃO EDITORIAL
EDITORA PÁGINA VIVA
Edição: Mariana Zanini
Tradução: Clara Alicia Allain
Produção gráfica: Priscylla Cabral
Assistência de produção gráfica: Bianca Galante
Revisão: Beatriz C. Nunes de Sousa

DUNCAN BAIRD PUBLISHERS
Gerente editorial: Kirty Topiwala
Editora-assistente: Elinor Brett
Gerente de design: Manisha Patel
Pesquisa de imagens: Julia Ruxton

Dados Internacionais de Catalogação na Publicação (CIP)
(Câmara Brasileira do Livro, SP, Brasil)

100 viagens inspiradoras / prefácio de Pico Iyer ; [tradução Clara Alicia Allain]. – São Paulo : Publifolha, 2012.

1ª reimpr. da 1ª ed. de 2011
Título original: 100 journeys for the spirit.
Vários colaboradores.
ISBN 978-85-7914-298-7

1. Turismo 2. Viagens - Guias I. Iyer, Pico.

11-03470 CDD-910.2

Índices para catálogo sistemático:
1. Viagem e turismo : Guias 910.2

A grafia deste livro segue as regras do Acordo Ortográfico da Língua Portuguesa (1990), em vigor desde 1º de janeiro de 2009.

PUBLIFOLHA
Divisão de Publicações do Grupo Folha
Alameda Barão de Limeira, 401, 6º andar
CEP 01202-900, São Paulo, SP
Tel.: (11) 3224-2186/2187/2197
www.publifolha.com.br

Impresso na Imago Productions, Cingapura.

sumário

ÁSIA

AUSTRÁLIA E PACÍFICO

prefácio

POR PICO IYER

Ontem à noite entrei em um templo do século XII, em Kyoto, com os montes orientais como pano de fundo. Era um mundo maravilhoso e cheio de luz: canforeiras e folhas de bordo iluminadas por lanternas suaves na noite amena do fim de outono. Moitas de bambu colorido elevavam-se ao lado de uma pequena cachoeira, uma casa de chá e um diminuto jardim. Figuras que caminhavam diante dos biombos *shoji* de salas vazias, com pisos de tatame, pareciam silhuetas. Todo ano, por algumas semanas em novembro, o Shore-in e outros templos budistas na antiga capital do Japão abrem suas portas após o anoitecer para que os visitantes possam desfrutar a última explosão de cores antes da escuridão do inverno.

Contudo, enquanto andava entre as lanternas de pedra por um caminho estreito ao lado de um laguinho, observei algo ainda mais surpreendente. Os universitários, as senhoras e os outros estrangeiros que andavam a meu lado não eram as pessoas que eu tinha visto aguardando na rua do lado de fora, 30 minutos antes. Também elas estavam iluminadas, de maneira menos óbvia, e silenciosas. E o efeito não se devia apenas às câmeras de celulares que piscavam para captar as pessoas no mesmo quadro que as azaleias. Era como se todas tivessem penetrado em uma espécie de igreja natural e, independentemente de suas tradições ou crenças, estivessem dispostas a deixar que algo se manifestasse para elas. Ou se manifestasse através delas.

Todos nós sabemos como um lugar mágico pode nos inspirar; essa é uma das razões pelas quais viajamos. No entanto, todos sabemos também que essa transformação não é garantida. Viajar é o paraíso do tolo, como Emerson nos lembrou, se pensarmos que encontraremos em um lugar distante algo que não poderíamos encontrar em casa. A pessoa que põe os pés no vazio silencioso da Ilha de Páscoa infelizmente é também, muitas vezes, a mesma que embarcou no avião em Heathrow no dia anterior, com o rosto vermelho de irritação.

A esperança, porém, persiste e nos faz colocar os pés na estrada. Certos destinos podem nos provocar tanto espanto e humildade que nos levam a lugares dentro de nós mesmos, com sensações de terror, de maravilhamento ou de um misto confuso das duas coisas; lugares que nunca enxergamos em meio às distrações mundanas e ao caos cotidiano. Eles nos despertam com um tapa, levando-nos ao reconhecimento de quem poderíamos ser em nossos momentos mais profundos. Nunca me esquecerei de ter saído para o terraço de minha pousada pobre em Lhasa, em 1985, e visto o Palácio Potala erguendo-se sobre o que era na época apenas um aglomerado de casas tibetanas tradicionais. Suas mil janelas pareciam nos olhar e nos proteger. Não esqueci, tampouco, a sensação de visitar a Igreja do Santo Sepulcro, em Jerusalém, dois anos atrás, e sentir todas as orações, as esperanças e os problemas que as pessoas tinham levado para lá. O lugar é tão escuro, irregular e cotidiano quanto as disputas que abriga – tão mundano e humano quanto o Potala parece não ser. No entanto, o próprio fato de que tantos milhões de pessoas vão a ele há séculos para orar e chorar entre suas velas garante que muitas outras ainda irão fazê-lo, mesmo que, como eu, não sejam religiosas.

Em outras palavras, os lugares possuem carisma, assim como as pessoas. Viajo com o 14º dalai-lama há mais de 30 anos, desde Hiroshima e Zurique até Nova York e a Índia, e observo com frequência – é algo quase inevitável – que mesmo os jornalistas mais calejados ou os não budistas se abrem em sorrisos ou em lágrimas quando o dalai-lama olha para eles ou afaga suas mãos. O mesmo acontece com o bispo anglicano Desmond Tutu, amigo íntimo do dalai-lama. O carisma (palavra que vem do grego e significa "dádivas dos céus") não pode ser reproduzido; não existe receita nem razão que explique sua existência, mas o fato é que determinados lugares nos atraem de maneira tão misteriosa como se respondessem a perguntas que nem nos ocorrera formular.

Assim, quando você estiver diante da lista (totalmente arbitrária) de destinos apresentados neste livro, esperamos que se sinta motivado a contestar a seleção, a acrescentar suas próprias sugestões, a questionar se Angkor Wat é mesmo mais inspirador que Banteay Strej ou a indagar se a Bolívia não possui uma magia que o Peru talvez já tenha perdido. O valor de uma lista como esta consiste em inspirar você a compor suas próprias listas, que podem incluir lugares não tão distantes de casa. Quando eu tinha 20 e poucos anos, viajei a Bali, Havana e Reykjavik em busca de um lugar que me fizesse sair do tempo e do espaço. Não estando plenamente satisfeito, voltei, como sugere a parábola, à casa de minha mãe, na Califórnia – e encontrei o paraíso particular que buscava em um mosteiro a apenas três horas de distância de carro.

Como bem disse Proust, viajamos não em busca de novas coisas para deleitar nossos olhos, mas de novos olhos com os quais enxergar tudo, incluindo as coisas que já conhecemos. E, com esses olhos que estão à disposição, como observou Emerson, mesmo quando ficamos sentados calmamente em casa, alguns lugares nos deslumbram ou aquietam tanto que não podemos deixar de enxergar as coisas sob outra óptica. No final do século passado, o editor de uma revista on-line me pediu que escrevesse um ensaio sobre um "espaço sagrado". Eu sabia que ele esperava um texto sobre Machu Picchu ou Stonehenge, mas escrevi sobre minha pequena escrivaninha de madeira clara. Ele pediu um segundo ensaio, e redigi de memória, tendo tudo dentro de mim. Contudo, se eu não tivesse estado na Grécia e na Birmânia, se não tivesse ficado atônito diante do Uluru ou da Notre-Dame, não sei se teria enxergado quanta coisa estava à minha disposição diante de minha escrivaninha ou apenas fechando os olhos e olhando para trás. Uma jornada espiritual começa com algum lugar deslumbrante. Ela continua onde quer que estejamos, através dos portais que o deslumbramento nos abre.

Utah, EUA

BRYCE CANYON

Onde os pilares rochosos da maioria dos cânions têm pináculos, no Bryce Canyon há *hoodoos*, nome dado pelos índios paiute, que habitavam esta parte do Utah muito antes da chegada dos europeus. Os paiute acreditavam que essas estruturas intricadas eram anciãos petrificados - em parte humanos, em parte aves, em parte animais -, condenados a passar a eternidade como pedras. Hoje os *hoodoos* são um elemento fabuloso de uma paisagem que ora parece encantada, ora amaldiçoada.

Muitas formações rochosas de nomes evocativos enfeitam o cânion, entre elas o famoso Martelo de Thor, que se ergue majestoso do chão da ravina, como um braço segurando uma clava poderosa prestes a cair. Há também a Muralha de Janelas, as Peças de Xadrez, a Ponte da Torre e a Grande Escadaria, todas formadas por milênios de erosão. Como observou com espanto declarado T.C. Bailey, um agrimensor do governo que visitou o local em 1876: "Há cavernas profundas e espaços que lembram ruínas de prisões, castelos e igrejas, com muralhas protegidas, ameias, torres e torretas, nichos e recessos, formando o cenário mais selvagem e assombroso que o olho do homem já contemplou".

Estas estruturas ficam ainda mais gloriosas graças ao espectro de pelo menos 60 tonalidades de cor de calcário, arenito e xisto limoso dos quais são formadas. No calor do dia, essas tonalidades fortes parecem vibrar de calor vívido; ao anoitecer, elas se suavizam, enquanto as sombras formadas por cada recesso e cada saliência se alongam. Por conta da ausência de luz artificial ao redor, quando a noite finalmente cai, a área mergulha na escuridão completa - uma experiência rara nos Estados Unidos hoje em dia. Os visitantes às vezes vêm ao cânion à noite para olhar, maravilhados, as milhares de estrelas visíveis no alto, em um céu sem luar.

ESQUERDA: O pôr do sol sobre os multifacetados *hoodoos* do Bryce Canyon - estruturas que os índios paiute acreditavam ser anciãos petrificados

Wyoming, EUA

BIGHORN MEDICINE WHEEL

ABAIXO: Os 28 raios que partem do centro da Bighorn Medicine Wheel, que alguns acreditam ser um relógio sazonal sagrado

Chegar à Bighorn Medicine Wheel, ao final de uma trilha acidentada no alto de uma escarpa que passa quase dez meses por ano debaixo de neve, é mais do que apenas conseguir uma vista incrível das montanhas Bighorn do Wyoming. Este monumento enigmático e secular está no coração de uma das maiores paisagens sagradas do mundo. Três mil metros acima do nível do mar, a Bighorn Medicine Wheel é o mais notável dos 150 locais sagrados espalhados por uma faixa que atravessa Wyoming, Dakota do Sul, Montana, Alberta e Saskatchewan.

A Roda é formada por pedras esbranquiçadas de vários tamanhos – detritos glaciais – que se espalham pelo chão nesta região. As pedras foram dispostas em um círculo tosco de quase 30m de diâmetro, com 28 linhas de pedras que partem de um montículo central, como os raios de uma roda. Ou, de forma mais significativa, como as 28 vigas de uma tenda cerimonial indígena norte-americana.

Há cinco outros montículos de pedras dispostos em torno do aro da roda e um sexto um pouco fora dele. Eles são, na realidade, do tamanho de um corpo humano, e uma pessoa que estiver sentada ou agachada no sexto montículo um pouco antes do amanhecer no solstício do verão verá o sol nascer exatamente atrás do montículo central, que, no passado, talvez tenha sido a base de um pilar. Outro montículo se alinha com o ocaso no solstício, e os montículos de pedras também se alinham com o nascer helíaco (momento em que uma estrela se torna visível, pouco antes do amanhecer, depois de o sol tê-la ocultado por uma estação inteira) das estrelas Fomelhaut, Aldebarã, Sigel e Sirius.

Parece, portanto, que a Roda era uma espécie de relógio sazonal sagrado construído por um dos povos indígenas da região, como os crow, cheyenne ou arapaho. Qualquer outra finalidade é desconhecida, como são desconhecidos os rituais e cerimônias realizados aqui no passado. Como atestam as oferendas deixadas no monumento, a Roda é ainda hoje um sítio sagrado para indígenas norte-americanos e outros, além de ser um local poderoso de cura ou poder espiritual.

Deserto de Nazca, Peru

LINHAS DE NAZCA

ACIMA: Vista aérea de algumas das vastas e misteriosas marcações criadas no deserto peruano há milhares de anos pelo povo nazca. A camada superior de cascalho era retirada para traçar as linhas, que eram então ressaltadas com pedrinhas empilhadas

Os pilotos que sobrevoam a extensão do deserto costeiro do Peru sabem que as terras entre os Andes e o oceano Pacífico estão entre as mais ermas da Terra. De tempos em tempos, a extensão árida de areia e cascalho é quebrada pelo verde de um vale de rio, que carrega sedimentos dos altos picos até o litoral. Em um trecho particular entre os rios Nazca e Ingenio, uma visão inesperada rompe a monotonia. Centenas de marcações gigantescas se estendem pela paisagem árida, traçando um cenário fantasmagórico de desenhos complexos. São as Linhas de Nazca, que aqui estão há mais de mil anos, praticamente intocadas pelo poder erosivo da chuva. Para apreender a sua dimensão total, foi necessário aguardar o desenvolvimento da aviação, no século XX, pois muitos dos desenhos maiores só puderam ser apreciados do alto.

As linhas ganharam destaque pela primeira vez com os escritos de Eric von Däniken, autor suíço controverso que afirmou que as maiores delas, com até 12km de comprimento, teriam sido criadas como pistas de pouso para naves extraterrestres. Poucos estudiosos levaram suas teorias a sério, mas a maioria não hesita em admitir os mistérios que cercam as figuras, entre as quais há representações de golfinhos, beija-flores, macacos, aranhas e outros fenômenos naturais, além de desenhos abstratos. Ao que consta, as linhas teriam sido fáceis de criar. Foi preciso apenas retirar uma camada superior de cascalho para deixar à tona o solo mais claro abaixo dela. Então as pedrinhas escavadas foram empilhadas nas laterais das linhas, a fim de dar destaque maior às silhuetas destas.

O que ainda não se sabe é qual teria sido a finalidade das linhas. A cultura nazca viveu seu auge nos séculos IV e V. As pessoas que habitavam o vale do rio naquela época criavam cerâmicas finas, enterravam seus mortos numa postura agachada e sabe-se que praticavam a trepanação. Seu legado mais grandioso foram os quase 350 desenhos traçados nas terras desérticas do norte e que, aparentemente, destinavam-se aos olhos dos deuses que contemplavam do céu esta gigantesca galeria ao ar livre.

Panajachel, Guatemala

LAGO ATITLÁN

Este lago numa cratera em um planalto tem três vulcões que se erguem sobre sua margem sul. Ao raiar do dia, a superfície do lago é prateada, calma e vazia, com a exceção de alguns pequenos barcos pesqueiros. Quando o sol esquenta, formam-se nuvens que ocultam o pico dos vulcões. No fim da tarde, quando sopra um vento sul, pode haver ondas de 1,2m, e os vulcões viram silhuetas escuras no crepúsculo.

O Atitlán, "o lugar da água", é o lago mais profundo da América Central – ninguém sabe ao certo sua profundidade. Sob sua superfície estão os resquícios de cidades antigas, perdidas há 2.600 anos. Na década de 1960, viajantes se encantaram com a beleza mística do lago, e, a despeito de três décadas de guerra civil, ainda é possível ver hippies grisalhos na cidade erguida em sua margem, Panajachel – apelidada de Gringotenango ("lugar dos gringos"). Mas a cultura indígena permanece nas aldeias mais distantes espalhadas pelas margens. No povoado de Santiago Atitlán, fiéis adoram Maximón, uma figura de madeira de 1m de altura, cuja cabeça é esculpida novamente a cada ano. Aqui, os maias ainda trajam roupas tradicionais, mas Maximón calça sapatos de couro e é envolto em dezenas de lenços de seda. A divindade vive como hóspede de uma família local, mudando-se para uma casa diferente a cada Páscoa. Seus anfitriões decoram um cômodo da casa com tiras de pano colorido, flores, imagens de Jesus e oferendas de frutas e legumes. Homens casados e confiáveis se revezam para fazer a segurança do deus e colocá-lo para dormir todas as noites.

Cada povoado em volta do lago tem um nome maia e um nome de santo. As fachadas das igrejas são gravadas com os símbolos sagrados de espigas de milho e sementes de ipomeia. Em seu interior, estátuas pintadas trajam roupas locais e xamãs fazem rituais de defumação com ervas. Os maias do lago Atitlán conseguiram adaptar o catolicismo dos conquistadores e o protestantismo dos missionários de modo a mesclá-los com suas crenças indígenas tradicionais.

DIREITA: Um píer do qual se avista um dos três vulcões que se alinham na margem sul do lago Atitlán

Arizona, EUA

CÂNION DE CHELLY

ACIMA: As ruínas da Casa Branca são resquícios de um povoado anasazi situado numa fenda na muralha do cânion. O penhasco tem mais de duas vezes a altura da área captada nesta foto

DIREITA: A Pedra da Aranha fica na junção entre o cânion de Chelly e o Canyon Monument. Segundo a crença do povo navajo, a deusa Mulher-Aranha vive no cume da pedra

Este cânion vasto e sinuoso fica no coração da terra dos navajo, entre as quatro montanhas sagradas da tribo. Esculpidas na paisagem de arenito por um rio que desce dos montes Tunicha, as íngremes muralhas vermelhas do cânion ostentam as marcas, as formas ásperas e as fissuras deixadas por milhares de anos de erosão e do efeito do clima: expressões estruturais da passagem do tempo.

Esculpidas nestes penhascos verticais em fendas horizontais acima do chão do cânion ficam as moradias antigas dos indígenas norte-americanos pré-históricos, conhecidos como anasazi (ou povos pueblo antigos). O assentamento da Casa Branca – assim chamado por seu pano de fundo de gipsita branca – foi construído no século XI e, no passado, chegou a abrigar uma comunidade de mais de cem pessoas. Pictogramas complexos enfeitam as paredes próximas da Casa Branca, com desenhos decorativos e espirais ou narrativas de acontecimentos históricos, como a chegada do exército espanhol à região. Hoje a área é habitada pelo povo navajo e pertence a ele. Os navajo a ocupam desde o século XVIII e o próprio cânion de Chelly é classificado como monumento nacional.

Na junção entre o cânion de Chelly e outro cânion, o Monument, uma grande lança de arenito conhecida como Spider Rock (Pedra da Aranha) ergue-se 240m acima do chão do cânion, lançando uma sombra dramática sobre a paisagem em volta. Segundo as lendas dos índios navajo e hopi, a ponta da pedra é a casa da deusa Mulher-Aranha – uma poderosa intermediária entre os humanos e os deuses. Consta que a Mulher-Aranha teria ensinado os navajo a tecer, que é uma das artes mais importantes da tribo. Ao mesmo tempo em que ela é venerada, vista como protetora de seu povo, a Mulher-Aranha é também temida, e dizem que leva crianças malcriadas a seu antro para ali devorá-las. Para a população local, o majestoso pináculo sagrado serve como um lembrete da presença da deusa.

Califórnia, EUA

BIG SUR

POR PICO IYER

Um trecho de litoral que parece algo de outro mundo

Com grande frequência, todo o trecho de litoral rochoso ao longo do oceano Pacífico passa dias isolado do mundo pela neblina. Só se ouve o mar batendo sobre as pedras, muito abaixo. A cena faz todo o sentido – afinal, mais que qualquer outro lugar que conheço, o trecho do litoral central da Califórnia conhecido como Big Sur, que se estende por 145km entre San Simeon, ao sul, e Carmel, ao norte, é um mundo à parte. Seus elementos soberanos são os penhascos rochosos, a floresta de sequoias e o oceano infinito. Os pensamentos sobre o mundo cotidiano desaparecem como que por milagre assim que você chega aqui. A sensação – mais forte do que já senti em qualquer outro lugar – é a de que você ingressou em um reino diferente, um local onde tempo e espaço são infinitos.

Big Sur é oficialmente uma pequena fileira de lojas que se estende por uma estrada de pista única, com pouco menos de 2 mil habitantes espalhados por 650km² de natureza intocada. A região recebeu seu nome dos exploradores espanhóis que passaram por aqui há quase meio milênio, intimidados por *el país grande del sur*, ou "o grande país do sul". Até a chegada deles, as únicas pessoas que conheciam este mundo envolto em neblina eram as tribos esselen e salinense, que viviam de crustáceos e bolotas dos carvalhos litorâneos. Até hoje, deslizamentos de terra são comuns após as chuvas de inverno, fazendo encostas inteiras desabar e fechando a única estrada da região, a Highway 1, por semanas. Incêndios florestais reduzem os morros a terra preta carbonizada.

Há décadas, portanto, pessoas que querem viver à distância do mundo exterior – artistas, foras da lei e místicos renegados – vêm para cá, criando uma comunidade curiosa e autossuficiente. O poeta Robinson Jeffers ergueu uma torre na vizinha Carmel, com vista para uma região que descreveu como "a coisa mais nobre que já vi". Henry Miller veio da Grécia para Big Sur e imaginou uma comunidade ideal nascendo, "repleta de Deus... mesmo que nenhum de seus integrantes creia nele". Jack Kerouac escreveu um poema de 22 páginas transcrevendo o estrondo e os suspiros do mar. Hunter S. Thompson costumava observar as piscinas de águas termais do Instituto Esalen, que há quase meio século reúne exploradores da consciência, como Aldous Huxley e Joseph Campbell.

Não haveria, no mundo, lugar mais perfeito que Big Sur para sediar o movimento de potencial humano. Quando você se hospeda no Deetjen's Big Sur Inn (sem fechaduras nas portas, sem telefones e sem TV nos quartos, aquecidos por fogão à lenha), entre sequoias mais antigas que a cristandade, ou quando se senta no restaurante Nepenthe, cujo nome se deve à poção do esquecimento sobre a qual escreveu Homero, é fácil acreditar que qualquer coisa é possível. Há dezoito anos me hospedo periodicamente em uma ermida católica em Big Sur, escondida nos morros acima do mar. Acordo ao raiar do dia com o som de sinos, vendo o céu azul ao alto, falcões de cauda vermelha sobre o capim dourado e, lá embaixo, o imenso e sereno azul do Pacífico. Cai a noite e tudo o que vejo são as luzes ocasionais de carros sumindo na linha costeira em direção ao sul, além de mais estrelas do que eu poderia sonhar em contar. Muitos lugares oferecem beleza, grandiosidade e espaço; nenhum além de Big Sur, em minha experiência, nos diz com tanta pungência que todas essas bênçãos estão dentro de nós mesmos.

ESQUERDA, ACIMA: Sand Dollar Beach, uma das muitas praias espalhadas por Big Sur. Os visitantes muitas vezes fazem uma pausa aqui durante o percurso pela célebre Highway 1

ESQUERDA, ABAIXO: Ondas batem sobre a costa rochosa – visão e som familiares em Big Sur

ESQUERDA: Sequoias do litoral, do gênero *Sequoia*, do qual fazem parte algumas das árvores mais altas do planeta, crescem em toda parte no litoral de Big Sur. Estas florestas costeiras são um dos três elementos soberanos de Big Sur, sendo os outros os penhascos rochosos e o mar sem-fim

EXTREMA ESQUERDA: Promontórios de Big Sur parcialmente escondidos pela neblina que cobre a região nos meses do verão

Nos arredores de La Paz, Bolívia

TIWANAKU

ACIMA: Cabeças de pedra esculpidas no muro que cerca o *Kalasasaya*, ou "templo das pedras paradas"

DIREITA: O Portal do Sol emoldura uma estátua da divindade de Tiwanaku, o deus portador de cajados

A 3.800m de altitude, no altiplano boliviano, encontram-se algumas das ruínas mais marcantes da América do Sul. Elas são tudo o que restou da cidade de Tiwanaku, no passado capital de um reino cuja influência se estendeu da costa do Pacífico até o norte da Argentina. O povo que construiu a cidade foi predecessor dos incas e ensinou aos construtores desse império muitas de suas habilidades de construção monumental.

Em seu auge, nos séculos VII e VIII, a cidade não era apenas um núcleo administrativo, mas também um centro religioso que atraía peregrinos vindos de longe. As pessoas vinham visitar os templos de Tiwanaku, dispostos em uma sequência de plataformas erguidas e pátios afundados. Hoje as ruínas servem para relembrar os fiéis devotos que se reuniam aqui e as cerimônias realizadas nestas estruturas. O principal monumento que ainda resta na cidade, o Portal do Sol, era a entrada da praça central de um dos templos, o *Kalasasaya*. Esculpido em um único bloco de pedra, o portal traz a imagem da divindade suprema de Tiwanaku, figura conhecida como o deus portador de cajados, devido aos bordões que segura em cada mão.

O povo que construiu Tiwanaku deixou poucos registros, pois não conhecia a escrita. Os habitantes da cidade conseguiam subsistir no terreno árido da puna, quase destituída de árvores, graças à proximidade do lago Titicaca. Este, que é o segundo maior corpo de água doce da América do Sul, hoje se situa 20km ao norte, mas em tempos passados chegava até a periferia de Tiwanaku. Os habitantes da cidade usavam a irrigação para praticar agricultura e criar rebanhos de lhamas e alpacas, que, além de lhes servir de animais de carga, forneciam carne e lã.

O que eles deixaram para as gerações posteriores, porém, foi sua extraordinária habilidade arquitetônica. As construções cerimoniais que ergueram tinham blocos de pedra monolíticos que mediam até 7m por 4m e pesavam até 100t. Os frutos desse trabalho ainda inspiram respeito e reverência, estimulando as lendas locais sobre uma raça perdida de gigantes cujas criações colossais ainda enfeitam o altiplano varrido pelos ventos.

Ohio, EUA

SERPENT MOUND

Cercado por encostas íngremes cobertas de floresta e por um paredão rochoso vertical, um espinhaço elevado e curvo serpenteia sobre os riachos Ohio Brush e East, em Adams County, Ohio. Há cerca de mil anos, por volta do ano 1050, o povo local do grupo Fort Ancient escolheu esta crista estreita para nela construir um dos maiores e mais singulares aterramentos do mundo – um monte artificial e sinuoso de 6m de largura e cerca de 1m de altura. A efígie é tão grande que só pode ser vista na íntegra ao sobrevoar a área.

Começando na extremidade oeste da crista, a espiral perfeita, em sentido anti-horário, da cauda vai se desenrolando, descrevendo ondulações suaves por 350m. Finalmente aparece a cabeça da serpente, que parece segurar entre seus maxilares um ovo gigantesco, na extremidade leste.

Por que a serpente foi construída? Que ritos eram realizados aqui? As serpentes são importantes em muitas culturas indígenas americanas – e de outras partes do mundo – como símbolo de fertilidade e regeneração. A cabeça do Serpent Mound aponta para o ocaso no solstício do verão, e as ondulações do corpo da cobra, para outros eventos, como o nascer do sol no equinócio e no solstício do inverno. Seria o "ovo" na realidade o Sol, "engolido" pela serpente cósmica no solstício do verão, o momento de virada do ano? O corpo tem sete ondulações; esse número tem significado para os povos indígenas americanos, que reconhecem sua responsabilidade perante os que virão até a sétima geração.

Talvez o Serpent Mound tenha sido sede de um rito regular de renovação sagrada que festejava o início da jornada do Sol em direção ao inverno, incentivando seu retorno. Embora essas perguntas talvez nunca sejam respondidas com certeza, o local conserva seu mistério e seu poder.

DIREITA: O magnífico corpo ondulado do Serpent Mound. Esta efígie, cujo significado nunca foi explicado, tem mais de 380m de comprimento

Quebec, Canadá

BASÍLICA DE SAINTE--ANNE-DE-BEAUPRÉ

ABAIXO: A Basílica de Sainte-Anne--de-Beaupré foi reconstruída em 1926, após um incêndio. Ela está associada a milagres de cura e é um local importante de peregrinação católica

O fato de a Basílica de Sainte-Anne-de-Beaupré existir hoje é prova da persistência de um grupo de pioneiros e missionários franceses que lutaram para fundar uma comunidade às margens do rio São Lourenço, em Quebec, em 1650. Os colonos procuravam um local no qual erguer seu povoado. A chamada "Nova França" era um ambiente hostil, mas, a despeito do clima impiedoso e do perigo constante de ataques dos índios iroquois, havia o solo fértil da colina de Beaupré. Assim, pouco a pouco, uma pequena comunidade se formou e cresceu.

Os pioneiros que atravessaram o Atlântico trouxeram com eles a devoção a uma santa pouco conhecida, Santa Ana, mãe da Virgem Maria. Eles ergueram uma pequena igreja de madeira em homenagem à avó sagrada. Em 1658, quando foram deitadas as pedras das fundações, Santa Ana realizou seu primeiro milagre para a cidade de Beaupré. Um carpinteiro chamado Louis Grimond, que sofria de reumatismo grave, colocou as três primeiras pedras fundamentais da igreja e foi curado instantaneamente.

Ao longo dos anos, a igreja tornou-se um lugar de peregrinação de canadenses franceses e indígenas norte-americanos. Ela foi ampliada diversas vezes, até tornar-se basílica, em 1876. A estrutura já foi devastada em várias ocasiões por incêndios e tempestades – a mais recente foi em 1922, quando a basílica foi quase destruída. Cada vez, porém, ela foi reconstruída ainda maior e mais gloriosa que antes.

Hoje a basílica se ergue entre amplos jardins; suas paredes resplandecem, brancas, contra o céu azul. Em seu interior, 240 janelas com vitrais enchem o espaço de luz suavemente difusa, enquanto os bancos de madeira, entalhados com simplicidade, recordam as origens humildes da igreja. Uma estátua de Santa Ana com Maria, bebê, em seu colo foi esculpida em um único tronco de carvalho e usa uma coroa ornada com joias. Pilhas de bengalas, muletas e cadeiras de rodas dobradas, ali deixadas por fiéis que se curaram, são um tributo ao poder milagroso da fé que caracteriza as pessoas que há mais de 350 anos vêm à Basílica de Sainte-Anne-de-Beaupré.

Rio de Janeiro, Brasil

CRISTO REDENTOR

A estátua do Cristo Redentor fica no alto do morro do Corcovado; pesa 1.145t, tem 38m de altura e mede 28m da ponta de uma mão à ponta da outra. Suas dimensões são espantosas.

Mas o local singular que o Cristo Redentor ocupa no coração de todos os brasileiros se deve à sua visibilidade estarrecedora. Praticamente não existe praia ou favela em toda a cidade do Rio de Janeiro da qual não se enxergue a imagem colossal do Salvador, feita de concreto armado e pedra-sabão, com os braços estendidos, abençoando a cidade.

A enorme escala da estrutura significa que os humanos sentem-se minúsculos quando estão a seus pés; é apenas inclinando-se para trás em um ângulo quase impossível que se conseguem divisar os traços cuidadosamente esculpidos do rosto do Cristo. Enquanto muitos optam por olhar para cima a fim de contemplar o rosto do poder divino, outros voltam o olhar para baixo, para o panorama deslumbrante que engloba tanto o esplendor natural da costa quanto o alastramento urbano que caracteriza a agitação do Rio de Janeiro.

Em vista da dificuldade de acesso ao local, subindo por estradas tortuosas, não é difícil acreditar que a estátua levou nove anos para ser erguida, de 1922 a 1931. Uma pequena capela foi construída na base da estátua em homenagem à aparição mariana de Nossa Senhora Aparecida.

Símbolo de esperança e recordação constante da presença divina, o Cristo Redentor atua não apenas como guardião das pessoas que vivem à sua sombra, mas como seu companheiro constante em alegrias e provações cotidianas. Erguida muitos metros acima do nível do mar, a estátua tem suas raízes na própria alma do Brasil.

ACIMA: A figura marcante da enorme estátua do Cristo Redentor pode ser vista desde praticamente qualquer ponto da cidade do Rio de Janeiro

Wyoming, EUA

DEVILS TOWER

POR JOSEPH MARSHALL III

Um monumento para elevar o espírito

Um monólito cheio de ranhuras domina a paisagem do nordeste do Wyoming, erguendo-se em direção ao céu em meio aos pinheiros, aos arbustos de artemísia e ao capim esparso das pradarias. Para cientistas e visitantes, é o núcleo de um vulcão antigo. Para as muitas tribos indígenas que viveram e vivem nas planícies setentrionais da América do Norte, é um lugar sagrado.

Certa vez, nos tempos antigos, sete meninas estavam colhendo bagas quando um urso feroz começou a persegui-las. Fugindo para o alto de um morro pequeno, as meninas se abraçaram, apavoradas, e rezaram para o Grande Espírito, pedindo que as salvasse. O Grande Espírito atendeu à súplica desesperada, fazendo o morro ficar mais e mais alto, até elas ficarem fora do alcance do urso. O animal enraivecido tentou em vão escalar o morro para agarrá-las, arranhando as encostas da colina, que se tornara uma montanha alta, com fúria crescente. O urso acabou desistindo; ele se afastou, e o Grande Espírito carregou as meninas de volta à aldeia em segurança.

Foi assim, segundo uma lenda indígena, que surgiu a imensa protrusão de rocha ígnea conhecida como Devils Tower, ou Torre do Diabo. As tribos indígenas já a conheceram por muitos nomes, entre os quais, Tenda do Urso, Toca do Urso, Alto da Pedra e Monte Fantasma. As marcas compridas e fundas das garras do urso ainda são visíveis na forma das colunas regulares de rocha ígnea que conferem a todos os lados da montanha tal aparência incomum, que lembra um tronco de árvore colossal e arranhado – razão de outro de seus nomes indígenas, Pedra da Árvore. O nome oficial, Devils Tower, é derivado de "Montanha do Espírito Mau", uma tradução equivocada feita no século XIX de Bear's Lodge, ou Tenda do Urso, o nome mais comum entre as tribos indígenas.

Não é de hoje que a montanha – declarada o primeiro Monumento Nacional dos Estados Unidos em 1906 – atrai visitantes por sua simples e deslumbrante beleza. Ela se ergue quase 400m acima do chão da pradaria; suas laterais quase verticais representam um desafio instigante para os milhares de alpinistas que vêm para cá todos os anos a fim de testar sua habilidade e resistência. Em junho, porém, a maioria dos montanhistas amadores – não todos, infelizmente – mantém distância de Devils Tower, respeitando o desejo dos povos indígenas de não ser perturbados em rituais sagrados e cerimônias que realizam ao pé da montanha, como a dança do Sol, a tenda do suor, buscas de visão e oferendas de oração. Há gerações incontáveis, muito antes de qualquer alpinista pensar em escalar seu topo, tribos diferentes já faziam rituais na base do monólito para homenagear o Grande Espírito e reafirmar sua ligação milenar com a montanha.

Em grupos ou como peregrinos individuais, muitos indígenas ainda vão à Devils Tower para orar, buscar orientação espiritual, meditar e conectar-se com a Terra e o céu. Para mim, e como a lenda das sete meninas retrata com tanta vivacidade, a Devils Tower exerce um efeito especial: ela nos eleva – literal e figurativamente. Quer sua viagem à montanha seja para fins recreativos ou espirituais, quer ela o leve a erguer os olhos até o topo do monte, escalar seus paredões ou fazer preces ao alto, ela o deixará com a sensação inconfundível de ter chegado mais perto de uma dimensão superior.

DIREITA: A montanha Devils Tower, ou Bear's Lodge, é na realidade o núcleo de um antigo vulcão. Local de cerimônias sagradas de tribos indígenas, o monólito é associado a muitas lendas. Uma delas conta como a montanha surgiu de repente para salvar sete meninas de um grande urso que as perseguia. As ranhuras em suas laterais seriam as marcas das garras do urso

Recife Lighthouse, Belize

BLUE HOLE

Vista desde o espaço, esta gigantesca dolina submarina tem a aparência de um olho pré-histórico – uma pupila de cor azul índigo profundo, com íris azul-turquesa, delineando o recife de coral que a cerca.

O Blue Hole foi no passado um vasto conjunto de cavernas da Era do Gelo criadas no calcário que hoje forma o leito do recife Lighthouse. À medida que o gelo derreteu e as cavernas foram submergindo na água, seus tetos desabaram, formando um grande buraco de dimensões espantosas, com mais de 300m de diâmetro. A água nas beiras do buraco tem poucos metros de profundidade na maré alta, mas logo depois afunda 125m, fazendo do lugar um destino cobiçado por mergulhadores, entre eles o explorador e conservacionista Jacques Cousteau, que comandou uma expedição ao local em 1972.

As águas mais rasas fervilham de vida marinha: os recifes de coral são o habitat de anêmonas-do-mar e cabozes de cor néon. Peixes-anjo, peixes-borboleta, peixes-papagaio e tartarugas marinhas habitam esta selva aquática. Mergulhe mais fundo, porém, e a água fica mais límpida, a luz diminui e a vida marinha escasseia. À profundidade de 70m, a caverna é revestida de limo, e estalactites se dependuram de saliências monstruosas. Mergulhadores que já desceram cerca de 40m encontraram restos de tartarugas marinhas, e já foram avistados tubarões-cabeça-chata e tubarões-martelo. Boiando aqui, você vive uma sensação de imersão absoluta, consciente apenas do silêncio, da extensão imensa de água e de sua respiração, inspirando e expirando. É um ato da mais pura meditação.

ESQUERDA, ACIMA: O Blue Hole tem profundidades surpreendentes, atraindo mergulhadores ousados

Havaí, EUA

VULCÃO MAUNA KEA

Conta a lenda que o Mauna Kea, ou Monte Branco, um dos cinco grandes vulcões que compõem a ilha do Havaí, é a morada da deusa da neve, Poliahu. Filha do deus do céu, Kane, ela é venerada pelos agricultores cujas terras são irrigadas por seus riachos de neve derretida. Poliahu é tão venerada quanto Pele, a deusa do fogo – residente no vulcão vizinho, Mauna Loa –, é temida.

Essas duas divindades femininas se desentenderam, muitos séculos atrás, devido a uma disputa de *holua*, esporte tradicional havaiano em que pessoas descem muito rapidamente por encostas gramadas em trenós de madeira. Para tentar frear o avanço do *holua* de Poliahu, Pele teria feito brotar rios de lava vulcânica de sua casa no vizinho Mauna Loa, ou Montanha Comprida. Para restringir a passagem da maré de lava, Poliahu colocou em seu caminho o manto gelado de neve branca que coroa o Mauna Kea durante a maior parte do ano.

O Mauna Kea é um vulcão adormecido; de acordo com cálculos científicos, sua última erupção se deu há mais de 4 mil anos. Enquanto isso, o Mauna Loa continua a resmungar até hoje; suas emissões provocam olhares assustados nos morado-

res da capital da ilha, Hilo. Eles chegaram a dar um nome aos feixes de cinzas vulcânicas fibrosas que voam pelo ar: cabelos de Pele.

Como se poderia esperar de um lugar dotado de tantas associações sobrenaturais, o Mauna Kea é um local de peregrinação de muitos havaianos, que caminham entre os estranhos cones de cinzas em busca de seu *mana*, ou poder divino. Devido à altitude, o ar no alto da montanha é rarefeito – o Mauna Kea é tecnicamente considerado o monte mais alto do mundo, já que se ergue 10 mil m acima do leito do Pacífico, embora apenas 4.200m desse total estejam acima do nível do mar. Na escuridão da noite, o Mauna Kea oferece uma visão do céu tão límpida e deslumbrante que não apenas fascina os observadores casuais de estrelas, mas também atrai dezenas de astrônomos profissionais que ocupam os minúsculos observatórios espalhados pela paisagem lunar da montanha.

ABAIXO: Cones de cinzas, montes fabulosos formados por detritos vulcânicos, ao norte do cume do Mauna Kea

Yucatán, México

PIRÂMIDE DO FEITICEIRO

Conhecida por vários nomes, entre eles Pirâmide do Adivinho e Pirâmide do Mágico, esta estrutura grandiosa teria, segundo a lenda, aparecido da noite para o dia, erigida por um anão encantado para que ele pudesse ganhar uma aposta de vida ou morte feita com um rei. É uma história fascinante, mas, como prova da perseverança humana, a verdade é quase tão notável. Ao longo de cem anos, começando no século VII, os cidadãos da antiga cidade maia de Uxmal, no México atual, ergueram um conjunto de cinco templos para honrar o deus da chuva, Chaac; a construção reflete a complexa visão cosmológica maia.

O resultado é uma maravilha arquitetônica que difere de qualquer outra pirâmide maia, graças à sua base arredondada, sua altura tremenda (mais de 35m) e o ângulo íngreme de ascensão. Como o resto de Uxmal, ela está notavelmente bem preservada, e a ascensão para a Casa do Mágico, o mais alto dos templos, pelas escadarias externas, não é tão diferente hoje do que deve ter sido mil anos atrás.

Uma imagem da boca aberta de Chaac forma a porta de entrada na fachada do templo, e máscaras do rosto do deus e trabalhos de treliça estão esculpidos em outras partes. Os maias decoravam pouco os níveis inferiores de suas pirâmides, com detalhes mais complexos na subida. Isso proporciona aos visitantes, enquanto sobem, a sensação de estar deixando o mundo cotidiano para trás, ingressando em uma esfera cada vez mais sagrada. Embora os deuses da chuva e os maias tenham desaparecido, expulsos pelos invasores espanhóis no século XVI, as ruínas de Uxmal e de seu templo mais renomado conservam muito de seu ambiente original de religiosidade.

Em outros lugares, os conquistadores espanhóis – talvez atemorizados por uma espiritualidade que estava além de sua compreensão – buscaram "amansar" as pirâmides, dando a elas nomes vindos de suas próprias tradições. Aqui, contudo, parece que eles entenderam que seria melhor não tentar e mantiveram a homenagem ao anão feiticeiro.

Chichén Itzá, México

POÇO DO SACRIFÍCIO

Os viajantes do século XIX que percorriam as ruínas da cidade maia de Chichén Itzá, no norte da península mexicana de Yucatán, sentiam a aura sinistra do cenote (poço natural) situado em seu perímetro. Com quase 60m de diâmetro, suas águas verdes e escuras ocupam o fundo de uma depressão natural de calcário de 20m de profundidade, cujas laterais perpendiculares têm luz e espaço suficientes para que cresça vegetação em fendas e saliências. "Uma influência misteriosa parecia percorrer o local", escreveu um dos primeiros visitantes, "correspondendo ao relato histórico, segundo o qual o poço teria sido um centro de peregrinação no qual vítimas humanas eram atiradas como sacrifícios".

Pesquisas feitas no início do século XX comprovaram a veracidade das lendas. Os restos de pelo menos 42 indivíduos foram recuperados das profundezas do poço – pessoas sacrificadas em troca da promessa de uma vida feliz após a morte. Hoje, contudo, mais de 500 anos após as últimas vítimas terem morrido em suas águas, o poço perdeu as associações sinistras. O terror se foi e o lugar exala uma sensação profunda de paz.

O cenote foi o principal elemento cerimonial de Chichén Itzá, capital dos itzá, povo que tinha vínculos com a cultura tolteca do México central, a centenas de quilômetros a noroeste. Eles eram comerciantes bem-sucedidos e guerreiros, e sua riqueza é evidenciada hoje por milhares de artefatos sofisticados que sobreviveram, feitos de cobre, jade, obsidiana e ouro. Muitos desses objetos foram resgatados das águas do cenote, onde haviam sido atirados como oferendas aos deuses.

Alasca, EUA

WRANGELL-ST. ELIAS NATIONAL PARK

O "reino montanhoso" da América do Norte é uma região selvagem espetacular, vasta e acidentada. Além de ser o maior parque nacional dos Estados Unidos (seis vezes maior que Yellowstone), engloba o maior grupo de geleiras e picos americanos com mais de 5 mil m de altitude, entre os quais está o monte St. Elias, o segundo pico mais alto dos EUA.

O parque Wrangell-St. Elias ocupa a junção de quatro grandes cadeias montanhosas na fronteira entre o Canadá e o Alasca: as serras Wrangells, St. Elias, Chugach e Nutzotin. A imensa área selvagem permanece quase intocada desde os tempos em que era habitada pelos indígenas das Primeiras Nações, os tlingit e os chugach. Os povos indígenas viviam em harmonia com a natureza, adorando seus deuses em "templos" de rochedos, abetos vermelhos e nuvens. Seus xamãs, curandeiros e guias convocavam os espíritos da terra e dos animais. Seu mundo era feito de dicotomias naturais ainda evidentes hoje: terra e ar, floresta e mar, fogo e gelo.

O monte Wrangell é um vulcão ativo. Coberta por um manto eterno de neve, a região tem geleiras e rochedos de bronze. O rio Copper, repleto de salmões, desce sinuosamente a serra Wrangell e se dirige ao mar, passando por florestas de coníferas, mirtilos e rosas silvestres. Alces e renas pastam, e ursos-negros e pardos percorrem a região. As montanhas também possuem depósitos de cobre que foram explorados no início do século XX por colonos da Kennecott Mining Co., no coração do parque.

Hoje Kennecott está abandonada; é uma cidade-fantasma. A mina deixou de funcionar, e sua estrutura de madeira está caída contra uma encosta. Embora a presença humana a tenha feito diminuir, os 5,28 milhões de hectares do parque ainda estão repletos de vida selvagem. Wrangell-St. Elias evoca uma sensação de isolamento absoluto e a oportunidade de se aventurar completamente em uma terra não explorada.

DIREITA: Pequena lagoa formada por água da geleira Kennecott, no Parque Nacional Wrangell-St. Elias

Minnesota, EUA

PIPESTONE

POR JOSEPH MARSHALL III

Um lugar de paz

Situado no canto sudoeste do Minnesota, à margem de uma pradaria aberta de capim alto, o Monumento Nacional Pipestone deve seu nome à pedra avermelhada e macia extraída aqui. Mas as cerca de 50 pedreiras não são empreendimentos comerciais: esta é uma terra sagrada, e apenas indígenas norte-americanos são autorizados a extrair a pedra rara, como seus ancestrais fizeram por milhares de anos, vindos dos territórios que habitavam para chegar até aqui.

Dizem as lendas indígenas que foi o próprio Grande Espírito quem deu a pedra argilosa vermelha a todas as tribos, para com ela fazerem os cachimbos sagrados. Até hoje, a *pipestone* (pedra-de-cachimbo) rara é usada para formar bojos de cachimbo que são acoplados a longas piteiras de madeira e usados em cerimônias sagradas, nas quais sua fumaça carrega preces aos ancestrais e ao próprio Grande Espírito. Todos os anos, no verão, mesmo com uma longa espera por autorização, pessoas de tribos indígenas diferentes continuam a viajar até Pipestone para extrair a pedra.

Além dos descendentes daqueles que primeiramente buscavam a pedra vermelha, muita gente vem para cá a fim de desfrutar da beleza tranquila do lugar. Ao longo das trilhas em volta do riacho Pipestone, o tempo esculpiu altos afloramentos rochosos, convertendo-os em "estátuas" que chamam a atenção, com nomes como Velho Rosto de Pedra e Dois Rostos Indígenas. O mais notável deles é o Oráculo, com o perfil de um ancião sábio e digno. Esses guardiões de pedra protegem os bosques, as suaves cataratas Winnewissa e as áreas onde os povos indígenas realizam a cerimônia tradicional da dança do Sol. Há também as Três Donzelas, grandes pedras glaciais depositadas há milhares de anos às margens do lago Hiawatha.

O primeiro visitante branco do local de que se tem conhecimento, o artista George Catlin, percorreu as planícies setentrionais e criou importantes registros visuais de várias tribos. Catlin, que chegou a Pipestone em 1836, viu as pedreiras e coletou amostras da pedra macia, facilmente trabalhada, de coloração que varia do rosa ao vermelho-sangue e que hoje porta seu nome (catlinite).

Durante muitos anos, a presença indígena predominante na região das pedreiras foram os dacota e os nacota, dois terços da nação que também inclui os lacota. Depois de muitos anos de invasão da área, durante os quais a maioria das tribos foi deslocada para o oeste e confinada em reservas, enquanto a cidadezinha de Pipestone surgia e crescia 1,5km ao sul das pedreiras, o sítio de 114ha tornou-se a primeira área de Minnesota a ser Monumento Nacional, em 1937. A partir de então as tribos puderam voltar a extrair a pedra aqui, com exclusividade.

Os primeiros observadores brancos descreveram os cachimbos sagrados como "cachimbos da paz", porque os dacota e outras tribos das planícies os usavam em cerimônias de assinatura de tratados com os brancos. Em certo sentido, a designação é apropriada, pois reza a tradição que o Grande Espírito declarou as pedreiras de pedra-de-cachimbo um lugar sagrado, onde armas não podiam entrar e onde as tribos em guerra deveriam extrair a pedra de forma pacífica. Embora as hostilidades entre as tribos tenham ficado no passado, os descendentes delas não esqueceram que seus ancestrais deixavam as armas e as desavenças de lado quando pisavam em Pipestone. Hoje, quando chegam aqui, os povos indígenas entram em conexão profunda com suas tradições espirituais. A simples beleza do lugar traz uma sensação de calma e de paz interior.

DIREITA: A noite cai sobre a pedra rosada que dá nome a Pipestone. Sagrada para os indígenas norte-americanos, a pedra vem sendo extraída há milhares de anos para a produção de bojos dos cachimbos usados em cerimônias tradicionais

Provença, França

ABADIA DE SÉNANQUE

No verão, o ar em volta da Abadia de Sénanque é repleto do perfume de lavanda em flor e do som do canto gregoriano que reverbera entre suas paredes de pedra cinza. Esta é uma das três principais abadias cistercienses da Provença, conhecidas como "as três irmãs". Situada em um vale isolado, sua arquitetura possui uma simplicidade e uma harmonia de elementos que sugerem tranquilidade e contemplação.

Os monges cistercienses chegaram aqui em 1148, vindos da Abadia de Mazan, no Ardèche. Os religiosos pobres viveram em choupanas até conseguir o apoio dos *seigneurs* de Simiane, o que lhes possibilitou fundar a igreja da abadia, em 1178. Os cistercienses eram uma ordem católica ascética fundada em 1098 e que se difundiu no século XII, graças ao trabalho de Bernard de Clairvaux (são Bernardo de Claraval). Diferentemente de outros monges, eles não dependiam de dízimos ou tributos, mas trabalhavam a terra. Ainda hoje os monges de Sénanque cultivam lavanda e produzem mel para o sustento.

A ênfase da vida monástica cisterciense é sobre disciplina, humildade e austeridade, e a arquitetura reflete esse fato. O design de Sénanque é baseado no da sede principal cisterciense, a Abadia de Cîteaux, nas proximidades de Dijon, embora, devido ao espaço estreito do vale, o leste litúrgico de Sénanque seja voltado ao norte. As condições de vida são simples, sendo o único cômodo aquecido o calefatório no qual os monges leem e escrevem, e quase não há ornamentos. Não há vitrais, pinturas ou manuscritos com iluminuras, e as colunas de calcário dos claustros têm gravuras simples de folhas e vinhas em seus capitéis. A decoração é composta, em vez disso, pela intensa cor dos campos de lavanda em volta da abadia, pelo jogo de luz e sombra nas paredes e pelos hábitos pretos e brancos dos monges residentes.

ESQUERDA: Plantação de lavanda diante da Abadia de Sénanque. A arquitetura da abadia reflete a simplicidade e a austeridade da vida monástica cisterciense

Uffington, Inglaterra

CAVALO BRANCO

Ela é tão bela quanto misteriosa – uma figura estilizada, feita de greda (giz), de um cavalo branco em pleno galope, escavada no gramado de Berkshire Downs, na Inglaterra, milhares de anos atrás. Mas com que finalidade?

Alguns afirmam que teria sido uma homenagem à deusa celta Epona, protetora dos cavalos. Outros dizem que a figura celebra a vitória do rei saxão Alfred sobre os dinamarqueses, em 861. Outros sugerem que a criatura não é um cavalo, mas o dragão que foi abatido por São Jorge no vizinho Dragon Hill – que tem sobre seu cume uma mancha sem grama, feita de greda, onde o sangue do dragão teria sido derramado e sobre a qual, segundo é dito, grama alguma jamais crescerá.

Arqueólogos concluíram que o Cavalo Branco tem pelo menos 3 mil anos. A primeira referência escrita a ele é encontrada em um manuscrito monástico de 1074 a 1082, que alude ao *mons albi equi* ("monte do cavalo branco").

A única coisa que se sabe ao certo é que o cavalo foi criado com a escavação de trincheiras de 1m de profundidade, nas quais foi derramada greda esmagada. Nos tempos medievais, um ritual de "faxina" era realizado a cada sete anos, quando a grama que invadia as trincheiras era aparada e acrescentava-se greda para conservar a elegância das linhas do desenho.

O maior enigma de todos é como os criadores do Cavalo Branco conseguiram traçar uma figura que só pode ser apreciada na íntegra a centenas de metros de altitude (o animal tem 34m de altura e 114m de comprimento). Esse fato, mais que qualquer outro, confirma a teoria de que o Cavalo Branco teria sido criado para ser visto por olhos divinos, e não mortais.

Finnmark, Noruega

GRAVURAS RUPESTRES DO FIORDE ALTA

A humanidade pode ser definida por um desejo comum de comunicação, pela necessidade de relatar uma história ou de deixar marcas – algo que se evidencia de modo especial em certos locais próximos à cidade norueguesa de Alta, onde misteriosas gravuras foram feitas há milhares de anos sobre as rochas.

Em seu estado natural, estes petróglifos são invisíveis a olho nu, até que água é derramada sobre eles. Então surgem figuras de pessoas construindo barcos, pescando ou tocando instrumentos musicais, ao lado de rebanhos de renas e ursos sagrados. Quando uma nova gravura é descoberta, tinta vermelha de ocra é despejada sobre as ranhuras, para evidenciar as linhas. É provável que, quando os desenhos foram feitos, eles tenham sido decorados de maneira parecida.

O povo que fez estas gravuras permanece envolto em mistério. As cerca de 5 mil figuras datam do período de 4200 a 500 a.C., aproximadamente. A maioria delas está em um local conhecido como Jiepmaluokta, que significa "baía das focas" no dialeto sami, e elas são quase tudo o que resta de um assentamento pré-histórico. Muitas das pessoas e dos animais mostrados nas gravuras têm rastros atrás deles, sugerindo a direção de seu movimento. A maioria parece mover-se paralelamente ao chão. Mas os ursos, animais venerados por muitas das tribos antigas do norte da Europa, às vezes são retratados deslocando-se na vertical, atravessando os rastros de outros animais. O detalhe é interpretado como indicação de que estariam ligados à vida após a morte.

Uma rede de passarelas de madeira permite que os visitantes se desloquem sobre as gravuras, acompanhando-as desde os petróglifos mais altos, os primeiros, até os mais recentes, que se aproximam da praia abaixo. Olhar estas imagens desenhadas com força, de um vermelho vivo que contrasta com a pedra cinza, e tentar decifrar sua mensagem é experimentar uma conexão profunda com outro povo – uma conexão que transcende o tempo e o nosso desconhecimento dos fatos.

Torcello, Veneza, Itália

CATEDRAL DE SANTA MARIA ASSUNTA

POR JAN MORRIS

Santuário de beleza e sagrada melancolia na ilha de Torcello

A espiritualidade trava uma batalha acirrada na cidade de Veneza, envolta por todas as influências mundanas do lucro e da publicidade. Mas ela ainda está presente na vastidão aquosa da laguna da cidade – cerca de 500km² de águas salgadas que são o verdadeiro coração do lugar. Pequenas ilhas se espalham por este mundo aquático; barcos e barcaças o percorrem, embarcações de cruzeiro o atravessam, mas a laguna ainda possui algo de transcendental.

Mesmo hoje, as extremidades da laguna mais distantes de Veneza podem ser muito isoladas, com apenas estacas recobertas de cracas para orientar o navegador entre os bancos de lama; a silhueta da cidade, coroada por torres, parece pouco mais que uma miragem. Mas há tesouros transcedentais nesta região, e, para mim, o mais assombroso de todos está na ilhota de Torcello, cujo *campanile* solitário se destaca como uma sentinela, a 12 ou 15km de Veneza.

Torcello é pelo menos tão antiga quanto a própria Veneza. Quando bárbaros do Norte pagão puseram fim à *pax romana* nesta parte da Itália, refugiados em busca de segurança foram para a laguna não mapeada. Um grupo da cidade costeira de Altinum, liderado pelo bispo local, radicou-se na ilha de Torcello para ali fundar uma cidade própria. Esta nunca foi tão majestosa quanto Veneza, igualmente fundada sobre um grupo de ilhas maiores, mas, em sua época áurea medieval, foi um local de grande importância, que possuía seus próprios navios, atividades econômicas e conexões mercantis. Consta que cerca de 20 mil pessoas viviam aqui no século XVI. Contudo, Torcello decaiu enquanto Veneza cresceu e ganhou fama. As ruas e os palácios da ilha caíram aos pedaços, seu porto sofreu assoreamento, seus habitantes a abandonaram, e, nos tempos vitoria-

ACIMA: Vista aérea da ilha de Torcello e da laguna que a cerca; o *campanile* (campanário) da Catedral de Santa Maria Assunta se destaca

ESQUERDA: A catedral ao pôr do sol, vista desde o outro lado das águas da laguna. Os Alpes nevados podem ser avistados ao fundo

nos, Torcello parecia aos visitantes um retrato da melancolia, um símbolo concreto da transitoriedade da soberba – um exemplo em escala menor, de fato, do destino que humilhara a própria Veneza.

Torcello é um destino turístico procurado – um ótimo lugar no qual fazer um passeio rápido vindo da cidade, com um almoço ao ar livre e uma caminhada pelas atrações locais; mas, quando os turistas vão embora, à tarde, com um último estrondo dos motores das embarcações e os últimos flashes de máquinas fotográficas, uma paz celestial toma conta da ilha. Apenas um punhado de pessoas vive aqui hoje, o que torna o lugar singularmente calmo. Esse é o momento certo para adentrar a maravilha sagrada de Torcello: a Catedral de Santa Maria Assunta.

Vista de fora, a construção parece austera, simples e defensiva, um pouco como uma fortaleza; seu imenso *campanile* (campanário) domina a ilha, com enormes postigos de pedra protegendo as janelas contra tempestades e guerras. O ambiente interior, contudo, é de um encantamento suave. E isso se dá porque a primeira coisa que você vê ao penetrar na alta nave de mármore é o mosaico da Madona Teotoca, a Portadora de Deus – em minha opinião, uma das glórias da arte espiritual. Alta, esbelta e tristonha, ela ocupa a abside arredondada sobre o altar-mor, e há lágrimas sobre sua face.

A Madona Teotoca é uma imagem imponente e, ao mesmo tempo, suave – uma figura que nos ordena que sejamos bondosos, que nos maravilhemos com o significado da criança em seus braços, que percebamos que a plenitude não reside no poder e na riqueza, mas pode estar em uma igreja antiga e vazia numa ilha solitária. Com suas lágrimas, ela nos recorda que a tristeza sempre fará parte da beleza do mundo e, com certeza, nos pede mais tolerância. Mais de mil anos atrás, Torcello nasceu de inimizades, de conflitos raciais, ideológicos, teológicos e até mesmo espirituais. O choque entre culturas enviou refugiados a esta ilha, e a Madona Teotoca com eles. Deus sabe que nem mesmo hoje essas diferenças foram superadas.

ACIMA: Um mosaico do século XII na abside acima do altar-mor traz a figura alongada da Madona Teotoca, com os apóstolos reunidos abaixo

DIREITA: A nave da catedral foi reconstruída no século XI. As colunas coríntias de mármore foram tomadas de construções clássicas gregas. Os desenhos complexos do piso são feitos de vidro e pedra lixada

Mývatn, Islândia

CACHOEIRA GOÐAFOSS

Com chuvas frequentes, neve e geleiras em derretimento, a Islândia é um país de muitas quedas-d'água. Embora não seja tão alta - a queda tem cerca de 12m -, a Goðafoss é uma cachoeira muito poderosa. O rio Skjálfandafljót se divide neste ponto, passando com estrondo por cada lado da ilha Hrútey e caindo em dois arcos atordoantes, em formato de ferradura, até um redemoinho selvagem. Com ruído ensurdecedor, volume de água inimaginável, correntezas revoltas e força indomada, a cachoeira é pura energia. Situada a apenas 100km do Círculo Polar Ártico, Goðafoss é também um lugar iluminado pelo sol da meia-noite no verão; no inverno, fica envolto em escuridão absoluta.

Esta região vulcânica do nordeste da Islândia marca a linha divisória entre as placas tectônicas europeia e norte-americana. Aqui o processo de deriva continental está em ação, com jatos de vapor, encostas sulfúricas, poços de lama incandescente, crateras fumegantes, lagoas de água quente, pilares de lava e um planalto desértico, negro e sinistro.

As cataratas têm um significado religioso registrado ainda no século XI por Ari, o Sábio. A Islândia foi povoada no século IX por vikings nórdicos pagãos. Quando o rei norueguês Olaf converteu-se ao cristianismo, no ano 1000, forçou todos os vikings a adotar sua fé, mas os islandeses se negaram a fazê-lo. Olaf cortou os laços comerciais e uma guerra civil parecia iminente. O *lagman* (sábio que recitava a lei) Thorgeir, sacerdote pagão, foi nomeado árbitro; depois de passar 24 horas em contemplação, ele decidiu que a ilha se tornaria cristã, mas que rituais pagãos como o consumo da carne de cavalo e a morte de crianças excessivas poderiam ser mantidos reservadamente. Para selar seu compromisso com o cristianismo, Thorgeir atirou todos seus ídolos pagãos na cachoeira, que, desde então, é conhecida como Goðafoss, ou Cachoeira de Deus.

DIREITA: A trovejante cachoeira Goðafoss, divida em duas pela ilha Hrútey

OM GODESDIENST EN KENNISS REYN TE
NU VOORTAAN GEEN MENSCHEN INSTEL BOUWEN

Amsterdã, Holanda

OUDE KERK

A Oude Kerk (Velha Igreja) foi assim nomeada por ser a igreja mais antiga de Amsterdã, consagrada em 1306. Erguendo-se no coração do que é hoje o Red Light District – centro de prostituição da cidade –, ela dá a impressão de ter crescido organicamente a partir das ruas e construções que a cercam. A Oude Kerk é uma igreja do povo, um ponto de encontro do sagrado e do profano.

A enorme construção, com 3.300m² de área, é fruto de reformas e alterações contínuas. Nos últimos 700 anos a Oude Kerk passou por metamorfoses tão frequentes e naturais quanto as da própria cidade; hoje ela contém inúmeras capelas. O piso é pavimentado com 2.500 lápides de membros de sua congregação, e cerca de 10 mil cidadãos de Amsterdã estão sepultados sob suas fundações.

No início do século XVI, antes dos expurgos puritanos promovidos pelos calvinistas, a igreja era povoada pelas idas e vindas da população local. A Oude Kerk era abrigo de mendigos e andarilhos, feira de vendedores ambulantes e centro social que abrigava interações de todos os tipos. A partir de 1566, porém, os sem-teto foram expulsos da igreja e a construção passou por uma limpeza: foi destituída de seus altares e suas imagens de santos e as pinturas das paredes foram apagadas com demãos de tinta branca.

Hoje a Oude Kerk é frequentada tanto por turistas quanto por peregrinos. Caminhando por seus espaços amplos e frescos, o visitante é bombardeado pelos incontáveis ecos do passado e pela música dos dois magníficos órgãos que possui. Sua abóbada medieval de carvalho, a maior de seu tipo na Europa, tem acústica impecável, e vários corais e orquestras famosos ainda fazem gravações na igreja. A despeito dos esforços dos calvinistas, a Oude Kerk conserva as impressões indeléveis das almas que lhe deram forma e que descansam protegidas por suas paredes.

ESQUERDA: A imensa nave da Oude Kerk, a igreja mais antiga de Amsterdã. O interior pálido é decorado com parcimônia desde os expurgos calvinistas do século XVI

Bretanha, França

CARNAC

Vá para um dos campos ao lado do vilarejo de Le Ménec, nos arredores de Carnac, enquanto o sol aparece em meio à neblina que surge do golfo de Morbihan. Uma linha de onze grandes rochedos emerge da neblina e, à medida que esta se desfaz, mais pedras vão aparecendo, enfileiradas como uma coluna de soldados, e estendendo-se ao longe por quase 1,5km.

Os alinhamentos de Carnac estão no coração de uma paisagem sagrada neolítica que abrange cerca de cem alinhamentos grandes e pequenos, cercados, túmulos antigos feitos de montículos de pedras e rochas isoladas em pé. Pesquisas sugerem que os alinhamentos datam de cerca de 5000 a.C. - a partir desse dado, portanto, presume-se que os megálitos foram moldados, transportados e erigidos por pessoas que não conheciam a roda e só possuíam ferramentas de osso e pedra.

Por que eles foram erguidos? As lendas dos bretões os viam como uma coluna de soldados romanos petrificados enquanto perseguiam um santo cristão e lhes atribuíam propriedades ligadas à fertilidade; foram vinculados também aos druidas. Os alinhamentos apontam para os solstícios do verão e do inverno. É natural presumir que eles eram usados em rituais.

Parece também que os alinhamentos não foram erguidos todos ao mesmo tempo; gerações sucessivas foram acrescentando pedras, possivelmente como homenagem a seus antepassados ou como ato de celebração. As pedras diminuem de tamanho do oeste para o leste, de modo que, olhando para as fileiras em direção ao oeste, todas as pedras aparentam ter o mesmo tamanho. Misteriosos e magníficos, estes megálitos continuam a dominar a paisagem.

Orkney, Escócia

CÍRCULO DE BRODGAR

Este é um dos mais marcantes círculos de pedras do Neolítico europeu, localizado em uma bela paisagem. Com diâmetro de 105m, o círculo – que existe há 4 mil anos – é amplo e proporciona ao visitante um senso de ordem aplicada com leveza a uma paisagem milenar e majestosa. Vinte e sete monólitos de até 4m de altura ainda resistem; acredita-se que na origem havia 60. Andando pelo círculo, você se sente imerso em uma beleza arraigada e inexprimível.

O círculo pode ser descrito como um *henge* – a própria palavra possui um quê de mistério antigo e designa um círculo de terra neolítico cercado por um dique e com a parte interna plana. Uma das pedras do lado norte traz inscrições em runas nórdicas: os vikings vinham para cá com frequência, deixando inscrições em lugares sagrados. O monumento ocupa o Ness de Brodgar, um cabo estreito que separa dois fiordes. Perto dele há um menir isolado – uma grande pedra cravada verticalmente no solo –, a Pedra Comet. As pedras são cercadas por um dique escavado da rocha, com dois caminhos de entrada.

Parece provável que o alinhamento das pedras com marcas nas colinas circundantes estivesse relacionado ao nascer do sol ou ao ocaso em dias significativos do ano. Vários menires na parte externa do círculo podem também fazer parte do padrão de alinhamento. As pedras foram extraídas de locais diferentes das ilhas Orkney, e é possível que a construção do círculo tenha sido um empreendimento coletivo – ou, pelo contrário, que tenha feito parte de uma competição. Talvez o cercado sagrado tenha sido utilizado para finalidades diversas. A melhor coisa a fazer hoje é entregar-se à beleza do lugar, especialmente em um longo dia de verão. Contemplar um arco-íris sobre o Círculo de Brodgar aproxima as pessoas da transcendência. A efemeridade das cores e a permanência das pedras de adoração criam um magnífico e incomparável contraste.

Essex, Inglaterra

ST. PETER-ON-THE-WALL

POR ANDREW MOTION

Igreja simples, onde o passado sussurra alto

Normalmente pensamos nos condados que cercam Londres como lugares civilizados, mas cada um deles tem seus bolsões de natureza selvagem. Essex com certeza os possui. Em um ponto remoto de seu litoral está uma das igrejas mais belas, simples e antigas da Inglaterra. Conheci o lugar ainda criança; minha mãe achou que eu devia conhecer a igreja. "Uma igreja, mãe?", perguntei, incrédulo. "Sim, mas é muito velha." Fizemos um trajeto cansativo, atravessando cidades-dormitório e vilarejos tranquilos e, então, chegamos à parte plana do trecho de terra entre os rios Blackwater e Crouch. A terra, ali, era areia negra. Passamos por uma usina elétrica que depois sumiu de vista. E ali estava... a igreja, claro, mas que quase não parecia uma igreja. Mais lembrava um celeiro de pedra. Uma estrutura alta e estreita feita de pedras, com uma porta singela de madeira sob uma janelinha em arco e paredes remendadas com entulhos de fazenda.

É provável que a construção seja a nave da igreja original fundada por São Cedd no início da década de 650, semelhante em seu desenho às primeiras igrejas saxônicas. Isso faz dela uma das igrejas mais antigas remanescentes na Inglaterra. (Em torno dela estão os resquícios do coro e das câmaras laterais.) Os materiais são romanos – tijolos, pedras de cantaria e concreções calcárias, boa parte deles tirados do forte que se erguia nas proximidades e que foi nivelado muito tempo atrás. Descobri tudo isso em visitas posteriores; elas foram uma espécie de peregrinação, voltas ao lar nos anos que se seguiram à morte de minha mãe, momentos em que eu podia olhar pelo telescópio do tempo a partir do lado errado e enxergar nós dois em miniatura, chegando juntos pela primeira vez, sentando-nos e cochichando no espaço vazio.

Tudo na igreja é um milagre da sobrevivência. Há também o lado de fora e a maneira como ele se mistura com o interior, de modo que a igreja parece diminuída e também afirmada pelo lugar que ocupa. Pelo vento salgado que sopra sobre as ruínas do forte e converte o capim em um lago de mercúrio. Pelo céu imenso, dourado pela luz do Canal da Mancha, que prepara as nuvens, as achata com raios de sol e então as desmonta, como se sua beleza de nada importasse. Pelo mar que troveja atrás do muro – o mesmo mar que desgastou o forte, que fustigou a igreja até transformá-la nesta caixa quadrada e que ecoava nos ouvidos dos primeiros fiéis. Eles confirmavam sua fé em um lugar que não pertence apenas à terra, mas também ao ar e à água; que concentra o presente e o torna místico por dialogar com o passado; que é uma rocha firme em meio às correntezas deste mundo, mas também um barquinho que flutua na incerteza do que há por vir.

DIREITA, ACIMA: A igreja de St. Peter-on-the-Wall, "celeiro de pedra" que é uma das igrejas mais antigas da Inglaterra

Aachen, Alemanha

CATEDRAL DE AACHEN

ACIMA: O coro da Catedral de Aachen e suas enormes janelas com vitrais. O coro foi acrescentado à catedral original no século XIV para acomodar o número crescente de peregrinos que a visitavam

DIREITA: O domo da Capela Palatina

No coração da Catedral de Aachen ergue-se a Capela Palatina de Carlos Magno, o primeiro imperador do Sacro Império Romano-Germânico. O espaço octogonal da capela é pequeno, mas decorado de forma esplêndida. Arcos listrados erguem-se do piso de mármore até o mosaico dourado do domo, que às vezes é parcialmente obscurecido pelas nuvens de incenso durante as cerimônias. O trono de Carlos Magno permanece dentro desta obra-prima da arquitetura carolíngia: uma caixa de mármore branco, posicionada para que o rei pudesse enxergar os três altares ao mesmo tempo.

A Kaiserdom, ou "catedral imperial", existe em Aachen há mais de 1.200 anos, o que faz dela a catedral mais antiga do norte da Europa. Durante anos, monarcas alemães foram coroados aqui. No ano 800, o império de Carlos Magno se estendia por toda a Europa ocidental, e ele escolheu a cidade de Aachen, com suas fontes de águas medicinais, como sede.

O arquiteto Odo de Metz criou uma imitação da Basílica de San Vitale, de Ravena, incorporando os elementos da arquitetura bizantina e clássica que Carlos Magno admirava. A capela foi preenchida com relíquias de grande valor, entre as quais as quatro Grandes Relíquias de Aachen: o manto da Virgem Maria; os cueiros do Menino Jesus; o pano que envolvia os flancos de Cristo; e o pano sobre o qual foi colocada a cabeça de São João Batista após a decapitação. Tantos peregrinos procuravam a catedral para ver essas relíquias (hoje expostas apenas uma vez a cada sete anos) que, no final do século XIV, foi acrescentado um coro gótico para acomodá-los, com treze janelas de 30m de altura e vitrais que o banham com luz colorida.

Hoje a Catedral de Aachen é um monumento de grandeza calma em meio à arquitetura medieval da cidade velha. Embora não seja tão grande quanto a vizinha Catedral de Colônia, ela conserva uma ressonância histórica que é preservada em seu misto eclético de estilos arquitetônicos e sua coleção de relíquias dignas de um museu. Aqui é celebrada, todos os domingos, uma missa em latim, com cantos gregorianos, e na véspera de Natal um coral de crianças canta para afastar a escuridão. Aachen permanece como testemunho vivo de 1.200 anos de história e como centro espiritual para os cristãos da Europa.

QUOD CARO

Cambridge, Inglaterra

KING'S COLLEGE CHAPEL

Quando tinha apenas 19 anos, o rei Henrique VI fundou o King's College (Colégio do Rei) e encarregou o arquiteto Reginald Ely de projetar para ele uma capela magnífica. A construção da capela começou em 1446 e continuou por 60 anos, com dois arquitetos adicionais e financiamento dos reis Eduardo IV, Ricardo III, Henrique VII e Henrique VIII.

O resultado foi uma capela de beleza ímpar, com maciços contrafortes de pedra pálida e torres que podem ser vistas a quilômetros de distância, dos campos planos de Cambridgeshire. O exterior da capela impressiona, mas é seu interior majestoso que deslumbra o visitante. O teto de pedra esculpida paira, aparentemente sem peso – uma abóbada palmeada que levou o arquiteto Christopher Wren a dizer que ele construiria uma como aquela, se algum homem lhe dissesse onde posicionar a primeira pedra. A antecapela é separada do coro por um suporte alto de carvalho esculpido, presente de Henrique VIII, e a capela é repleta de emblemas do período Tudor: rosas coroadas, grades e flores de lis. Raios de sol penetram através das espetaculares janelas com vitrais, que datam do século XVI e relatam histórias do Velho e do Novo Testamento.

A música também torna a capela única e edificante. Os estatutos do fundador previam um coral de seis escrivães adultos e dezesseis meninos cantores. Quinhentos anos mais tarde, o coral de King's College é famoso em todo o mundo; as vozes dos estudantes universitários e dos meninos cantores produzem um som límpido e puro. A Missa do Galo, com canções de Natal, é transmitida para o mundo todo, e o canto das vésperas diárias é igualmente belo. Meninos com joelhos ralados de brincar ou jogar futebol transformam-se em anjos criadores de música etérea, que, sem qualquer amplificação, enche de som a capela deslumbrante, com seus ecos pairando no ar.

ESQUERDA: A majestosa abóbada palmeada e os vitrais com imagens de histórias do Novo e do Velho Testamento, na Capela do King's College, em Cambridge

Menorca, Espanha

TALATÍ DE DALT

POR ANDREW MOTION

Misteriosos monumentos de pedra que desafiam a compreensão

Olhe para um mapa arqueológico do Mediterrâneo: ali, num grande trecho curvo da metade ocidental, há uma série extraordinária de sítios pré-históricos. Menorca possui uma abundância deles, cerca de 1.600, muitos erguidos em campos desconhecidos, visitados apenas por agricultores, distantes dos caminhos percorridos pelos turistas. Mesmo os que acabaram figurando nos roteiros populares ainda conservam mistério. A Naveta des Tudons, por exemplo, um barco funerário de pedra emborcado ao lado da estrada que liga Mao a Ciutadella, e o elaborado vilarejo pré-histórico em Talatí de Dalt. Já passei férias na ilha em muitos verões consecutivos, e as construções antigas foram meu ponto de partida para conhecer seu caráter forte e obstinado.

Meu ponto de partida e praticamente meu ponto de conclusão, pois os fatos concretos são difíceis de apurar. O período durante o qual foi erguido o Talatí de Dalt é conhecido como o talayótico e floresceu entre 2000 e 1000 a.C.; até aqui, tudo certo. A palavra *talayot* é derivada do termo árabe *atalaya*, que significa "torre de vigia" – mas isso é um tanto confuso, já que os talayots são montículos circulares ou quadrados de pedras, que podem ter cumprido a função de túmulos, casas de vigia ou mesmo residências. E há também as *taulas*, que consistem em duas lajes de pedra, uma equilibrada sobre a outra em formato de "T", com alturas que podem chegar a 4,5m. Qual era sua finalidade? Uma exibição de engenhosidade e poder? Teriam sido altares de sacrifício? Ou meios de realizar funerais ao ar livre? Teriam sido os suportes do telhado de construções hoje desaparecidas? Ninguém "sabe ao certo", como os guias de turismo dizem de maneiras diversas.

E isso apenas aguça o apetite. Em minha última visita, cheguei a Talatí de Dalt pouco antes do pôr do sol, quando o sítio estava quase vazio. Tudo estava da forma como eu me recordava, mas tudo era novamente estranho. Na parte interna da muralha defensiva, gigantescas pedras embranquecidas pelo sol elevavam-se da terra semeada de rochedos – uma delas com um buraco circular aberto pelo desgaste das chuvas e dos ventos do inverno, como se uma agulha gigantesca tivesse sido espetada no chão. Teria sido escolhida porque essa abertura esculpida pela natureza a tornara especial, até mesmo sagrada? Não há como saber ao certo. Assim como não há como compreender as outras rochas enormes que se erguem aqui, ali e por toda parte como resquícios de uma outra Stonehenge. Tampouco há como entender a *taula* imensa que se eleva perto do centro do sítio. Quando pus minhas mãos sobre a pedra ereta, ela parecia respirar como um animal e estava tensa com uma energia que poderia de repente produzir medo, raiva ou revolta. Sentei-me com as costas contra um tronco nodoso de calcário e esperei a noite cair. As cigarras teciam sua orquestra em um véu infinito de som. O ar que esfriava liberava o perfume doce de tomilho e murta. Fantasmas enormes se aproximaram uns dos outros, cercando o silêncio em seu centro e deixando que eu me afundasse até estar deitado sobre sua simplicidade fundadora de pedra.

ESQUERDA: Uma das *taulas* gigantes - estruturas de pedra em formato de "T" - em Talatí de Dalt. Estes megálitos foram posicionados aqui milhares de anos atrás, durante o período talayótico; sua finalidade original ainda é desconhecida

Gourdon, França

ROCAMADOUR

À primeira vista a cidade parece não passar de uma fachada de penhasco que se desintegra, feita de rocha branca e vegetação verde-escura. Mas, quando se olha melhor, minúsculas janelas, telhados vermelhos e torretas revelam um agrupamento de construções belíssimas que parecem embutidas na própria rocha e camufladas na encosta do penhasco. Rocamadour se situa no alto da encosta íngreme de um desfiladeiro, como um reino de conto de fadas, mais de 120m acima do rio Alzou, um subafluente do Dordogne.

As origens da cidade são pouco conhecidas e são tema de vários mitos e lendas. Ela deve seu nome a Santo Amador, ermitão que fundou aqui um santuário que continha uma escultura de madeira de uma Virgem negra e cujo corpo foi encontrado em um túmulo esculpido no penhasco. Alguns afirmam que o santo teria sido na realidade Zaqueu, o coletor de impostos que recebeu Jesus em sua casa durante a viagem a Jerusalém e que era marido de Santa Verônica.

Para chegar aos santuários no alto do morro, o peregrino precisa subir uma escadaria de 216 degraus e então percorrer um caminho sinuoso marcado pelas Estações da Cruz. Entre as várias capelas construídas nas rochas, a de Notre-Dame é a mais conhecida e abriga uma estátua da Madona com o Menino Jesus nos braços e uma coroa sobre a cabeça dele. Velas votivas iluminam o santuário, sobre o qual paira um grande sino que supostamente tocava sozinho quando as preces dos fiéis eram atendidas. Uma espada de ferro é embutida na pedra acima da entrada da capela; segundo dizem, é um fragmento de Durandal, a espada do herói medieval Rolando.

Em toda parte, escadarias ocultas descrevem curvas, passando por cantos e sacadas, portas e janelas entalhadas que dão para o vale deslumbrante. Rocamadour dá a impressão de ser encantada de alguma maneira, e o esplendor precário de sua localização, que desafia a gravidade, apenas intensifica a impressão de que a cidade pertence a outro mundo.

DIREITA: Capelas e casas de Rocamadour, aninhadas em um desfiladeiro que se eleva sobre o rio Alzou

County Mayo, Irlanda

CROAGH PATRICK

POR JAN MORRIS

Escalar como expressão de fé

Mesmo na Irlanda do século XXI, tão moderna e materialista, perpetuam diversas tradições sagradas. Os padres e as freiras de tempos passados podem não estar mais tão evidentes nas ruas, mas milhares de irlandeses ainda fazem peregrinações, pausam para contemplação em grutas sagradas, fazem o sinal da cruz com água-benta ou têm experiências visionárias. Toda essa fé e todo esse nume congregado alcançam um ápice alegórico na montanha do condado de Mayo conhecida como Croagh Patrick – Cruach Phádraig, no gaélico – ou apenas "Reek", no inglês de hoje.

A montanha é um cone de quartzito de 760m de altura, desde o qual se tem uma vista magnífica da baía Clew e suas inúmeras ilhotas, e era conhecida originalmente como Cruach Aigil, ou Monte da História Sagrada, porque desde tempos imemoriais é associada ao divino. Consta que os druidas a frequentavam muito tempo atrás e foi aqui que São Patrício (St. Patrick), enquanto fazia o jejum da Quaresma, não apenas teria expulsado uma hoste de demônios que o atormentavam como também banido as serpentes da ilha de uma vez por todas. Diversas pedras e rochedos daqui são veneradas, segundo a tradição, e todos os anos, no último domingo de julho, milhares de pessoas sobem a montanha e celebram uma missa cristã em seu topo.

Seja você cristão, muçulmano, judeu, ateu ou agnóstico, dificilmente deixará de se render ao fervor desta ocasião. Ao longo de toda a noite do sábado e durante o domingo inteiro os fiéis realizam a subida árdua pela trilha montanhosa, alguns sozinhos, outros em grupos, alguns rindo e cantando, outros recitando a Ave-Maria em voz baixa no caminho inteiro. As condições do tempo podem ser inóspitas em County Mayo nesta época do ano, e a maioria dos fiéis vem bem agasalhada e preparada para encontrar neblina, chuva e vento sobre o pico.

Há meninos, padres e aposentados na multidão, além de senhoras resistentes. Equipes de soldados percorrem a trilha, e fiéis ardorosos fazem a subida descalços, mancando, com sangue e lama passando entre os dedos dos pés. Vendedores ambulantes ficam postados ao lado da trilha oferecendo bengalas rudemente cortadas – conhecidas como *reek sticks* –, pois, se o caminho parece fácil em seu trecho inferior, mais para o alto ele degenera em uma massa íngreme de seixos soltos. Chamam a essa parte do caminho de "o Inferno antes do Paraíso"; quando fiz a subida um ano e vimos essa muralha de pedras soltas à nossa frente, estendendo-se à distância debaixo de neblina e chuva, mesmo alguns dos mais devotos se sentiram momentaneamente desencorajados. "Jesus!", exclamou sem querer um homem a meu lado, "Veja só isso! Mas não faz mal", acrescentou, como um irlandês alegre, "quando chegarmos ao topo, nossas almas estarão purificadas e então vamos poder começar a pecar tudo de novo!". Então rimos, cerramos os dentes e percorremos a subida forrada de pedras soltas. Às vezes as pessoas caíam. Em outros momentos, apenas ficavam paradas, em silêncio, respirando fundo e rezando por ajuda. Vez por outra, paramédicos desciam carregando macas com feridos ensanguentados e enfaixados, e fazíamos força para não olhar para eles.

DIREITA, ACIMA: É comum ver gelo e neve perto do topo de Croagh Patrick durante o inverno

DIREITA, ABAIXO: Peregrinos escalam a trilha árdua que leva ao topo de Croagh Patrick. Alguns fazem a subida descalços. Uma missa é rezada no pico todos os anos, no último domingo de julho

No topo da montanha, os peregrinos se deparam com missas rezadas, continuamente, por equipes de sacerdotes em um oratório com fachada de vidro; as palavras da liturgia ecoam no meio da neblina, amplificadas por alto-falantes, e uma multidão de fiéis cansados se movimenta de um lado a outro. Mas as pessoas ainda não encontraram consolo. Elas ainda precisam fazer fila para fazer suas confissões. Precisam descrever quinze voltas em torno do pico, recitando os textos sagrados e às vezes ajoelhando-se para rezar. Precisam percorrer os circuitos de praxe de outros sítios sagrados no alto da montanha. Apenas então, após a missa, é que poderão relaxar com chá e bolinhos das barracas montadas no alto do pico abençoado para a ocasião.

Você pode achar que é um tipo primitivo de espiritualidade; de certo modo, é. Os peregrinos estão machucados, ofegantes e exaustos, mancando dolorosamente enquanto percorrem o circuito de pedras exigido pela tradição, murmurando suas preces e mexendo com seus rosários. Mas, quando se sentam sobre o capim úmido com canecas de chá nas mãos, também é visível que se sentem enaltecidos. É um exercício de penitência voluntária, afinal, e o pico alto, varrido pelos ventos e envolto em neblina, é um lugar santo. É sagrado por hereditariedade, por assim dizer, com sua santidade herdada dos santos e sábios antigos, da expulsão de cobras e demônios e de séculos de orações. Mas o local também possui uma profunda espiritualidade cotidiana, algo criado pelas milhares de pessoas, velhas e jovens, que, ano após ano, fazem a subida penosa do "Reek" com a ajuda das bengalas dos ambulantes, para expressar sua devoção ao divino.

DIREITA: O cone de quartzito de 760m de altitude que forma a montanha sagrada de Croagh Patrick

Paris, França

SAINTE-CHAPELLE

Estar dentro da Sainte-Chapelle num final de tarde de verão é como estar em um alto receptáculo forrado de joias. Os raios do sol entram através das janelas altíssimas com vitrais, formando uma enxurrada de luz multicolorida, e o visitante é banhado em um brilho iridescente de vermelho, azul, dourado, verde e roxo.

Desde sua consagração, em 1248, esta obra-prima gótica com torres delicadas vem atraindo fiéis e admiradores para a Île de la Cité. A capela foi encomendada pelo rei Luís 9º em um esforço para fazer de Paris a capital ocidental da cristandade. Gastou 40 mil *livres* com a construção da capela e pagou o triplo desse montante a fim de conseguir relíquias sagradas para guardar neste santuário: a coroa de espinhos de Cristo e alguns fragmentos da Cruz.

Hoje as relíquias se foram, espalhadas durante a Revolução Francesa, quando a capela foi convertida em repartições públicas pelos governantes republicanos, ansiosos para apagar o passado religioso do país. Mas a impressão provocada pelos vitrais continua tão forte quanto sempre foi. Há quinze janelas incrivelmente estreitas, com 15m de altura e separadas umas das outras apenas por colunas de pedra bem finas, dentro do estilo *rayonnant* da arquitetura gótica francesa, que surgiu nos séculos XIII e XIV e buscava criar impressão de leveza absoluta.

Cada janela relata uma história cristã sagrada, começando ao pé do vitral e prosseguindo para cima, da esquerda para a direita. Mais de mil cenas são retratadas ao todo, mostrando a infância de Cristo, seu ministério, sua crucifixão e sua ressurreição. O elemento mais espetacular de todos é a rosácea circular na parede oeste; construída no reinado do rei Carlos VIII, em 1485, ela mostra o turbilhão glorioso do Apocalipse.

Receber a luz do sol poente entrando pela grande rosácea é sentir o mesmo maravilhamento vividos pelas pessoas que visitaram a Sainte-Chapelle nos últimos sete séculos e meio.

ACIMA: As formas de pétala da grande rosácea da Sainte-Chapelle, que foi acrescentada à capela no século XV

DIREITA: O interior da capela superior, com seus vitrais espetaculares

Valaam, Rússia

MOSTEIRO DE VALAAM

Isolado nas águas setentrionais do lago Lagonda, entre São Petersburgo e a fronteira finlandesa, o arquipélago de Valaam é um ideal espiritual de isolamento. Remoto e calmo, o mosteiro erguido na maior das ilhas, conhecido como Valaam, é um paraíso de beleza pungente sob o pálido céu do Norte.

Tão pouco foi registrado da história da ilha que as origens do mosteiro continuam obscuras. Segundo alguns relatos, ele teria sido fundado no século X; segundo outros, surgiu apenas no século XV. A maioria, porém, concorda que o mosteiro foi fundado por São Sérgio de Valaam, que viajou da Grécia para o arquipélago. O clima na região é inóspito, mas a temperatura em Valaam é um pouco mais quente que nas margens dos lagos. As ilhas são rochosas, porém verdes, cobertas de florestas de coníferas, e os monges podem cultivar melões e abóboras nas hortas do mosteiro.

O nome Valaam vem do termo finlandês que significa "terra alta"; erguido sobre as terras que se elevam sobre a água espantosamente azul, o mosteiro dá a impressão de que poderia levantar voo a qualquer momento. As paredes de terracota dão lugar a torretas brancas e domos azul-claro, com agulhas douradas que se elevam em direção ao céu. Pinheiros cercam o mosteiro de verde-escuro.

No interior da construção, os cômodos são austeros. Os monges, que usam vestes negras e chapéus altos com véus compridos presos, acordam às 3h30 e cumprem uma rotina rígida de preces e trabalhos manuais. O canto *znammeny*, pelo qual os monges são famosos, adere a uma melodia complexa, tendo como base um som contínuo e baixo que lembra uma canção fúnebre. Muitos dos cantos mais comuns, como "Ó, bela luz de Valaam", falam da qualidade etérea da luz que permeia as ilhas.

Zelená Hora, República Tcheca

IGREJA DE SÃO JOÃO NEPOMUCENO

Honrar o sacrifício daqueles que se dispuseram a morrer por suas crenças nos permite redefinir nossa própria fé. Há séculos, uma peregrinação à Igreja de São João Nepomuceno ajuda os católicos do Leste Europeu a chegar mais perto de Deus.

João Nepomuceno foi atirado da ponte Carlos, em Praga, ao turbulento rio, no século XIV. Quando seu corpo foi encontrado na margem, a visão de uma coroa com cinco estrelas apareceu no ar. Sua língua foi preservada milagrosamente por 400 anos, como uma relíquia macabra. O papa declarou a língua uma prova incorruptível da santidade de João e tiveram início as obras da igreja na Zelená Hora, ou Colina Verde.

Construída na encosta da colina, uma escadaria comprida conduz a uma das igrejas mais esplêndidas e originais da Europa. A luz do sol alonga as sombras das árvores, que se projetam sobre os muros reluzentes e brancos. Esses muros descrevem um zigue-zague em volta da igreja, formando um decágono. Dez torres com telhado vermelho erguem-se ao longo dos muros, separadas por distâncias iguais.

Uma estrela dourada fica acima de cada um dos cinco portões de entrada, e, no meio do cercado de muros, vê-se uma igreja em formato de estrela, com cinco altares, o principal dos quais tem cinco estrelas e cinco anjos. O arquiteto Jan Santini, de Praga, construiu a igreja usando a estrela e o número cinco repetidas vezes no layout e nas proporções da estrutura para ecoar a visão que apareceu sobre o corpo morto de São João.

Assim como o católico romano usa as contas de um rosário para concentrar-se ao orar, as referências simbólicas e numéricas à vida de São João Nepomuceno embutidas no desenho da igreja concentram a mente dos peregrinos na natureza do martírio e no significado real de se possuir a coragem de viver segundo as próprias convicções.

Teutoburger Wald, Alemanha

EXTERNSTEINE

No topo de um majestoso penhasco de calcário ao qual se chega por degraus rudimentares de pedra e uma ponte estreita, há um santuário minúsculo, agora sem telhado, escavado na rocha há muitos séculos. Do buraco circular aberto na parede leste do santuário pode-se ver a floresta que se estende abaixo. Em uma manhã por ano, no solstício do verão, os raios do sol nascente passam pelo buraco e lançam luz sobre a parede mais distante, iluminando o que foi no passado um sacrário, onde ainda há um altar cristão na forma de um pilar baixo.

O penhasco é conhecido como Sternwarte, ou Observatório, e é um dos Externsteine – grupo de cinco colunas verticais de calcário que se erguem até 37m acima da floresta de Teutoburgo, perto de Detmold, no noroeste da Alemanha. Povos da Idade da Pedra vinham a este lugar sombrio e assombroso já em 10000 a.C. Acredita-se que adoradores de Odin e outros deuses germânicos faziam o mesmo, embora nunca tenham sido encontradas provas conclusivas disso.

Mas as pedras eram um ponto sagrado muito antes de os primeiros cristãos virem para cá, cerca de mil anos atrás. O santuário no Sternwarte, com seu buraco para a observação do nascer do sol no solstício do verão (e o nascer da lua mais setentrional), existia muito antes de monges cristãos o transformarem em capela. Visitantes da Antiguidade escavaram salas e túneis na rocha, perfuraram buracos e depressões com finalidade hoje desconhecida e escavaram degraus de pedra que parecem não ir a lugar algum.

Na base de uma das rochas há um relevo monumental que mostra Cristo sendo retirado da Cruz, esculpido por volta de 1150 e único na arte românica do norte europeu. Entre os detalhes deste relevo há um dragão – símbolo do diabo e do paganismo – cujo poder foi rompido pelo sacrifício de Cristo. A imagem reflete, sem dúvida, os poderes temíveis atribuídos no passado a estas pedras extraordinárias.

ESQUERDA: Desde a Idade da Pedra se atribui significado sagrado às colunas naturais de calcário do Externsteine. A mais alta delas, hoje, abriga uma capela cristã

Galícia, Espanha

SANTIAGO DE COMPOSTELA

POR JAN MORRIS

Um caminho sagrado que leva à plenitude

Em qualquer dia do ano, nas estradas do norte da Espanha, você pode ver caminhantes indo à província de Galícia, no noroeste do país – embrulhados em cachecóis e capas de chuva, no inverno, ou transpirando sob o sol do verão, mas sempre inconfundíveis com seu ar de determinação.

Eles estão a caminho de um dos lugares mais sagrados da cristandade, Santiago de Compostela, ou São Tiago do Campo da Estrela. Diz a lenda que os restos mortais do apóstolo São Tiago estão na cidade, após seu sarcófago ter sido transportado milagrosamente de Jerusalém e a localização dele sido revelada pela estrela mencionada no nome da cidade. Peregrinos cristãos de muitos países há séculos caminham para o santuário, situado em uma catedral que surpreende por seu ar festivo.

Não há nada de penitencial nesta igreja magnífica. Ela parece chamar seus peregrinos não ao arrependimento, mas à bênção. Quando eles por fim chegam aqui, têm a satisfação de um percurso árduo completado com intenção nobre, e a catedral parece ter sido projetada para lhes dar as boas-vindas. Ela ocupa uma elevação em uma praça cerimonial e, mesmo sob as condições do clima cinzento de Santiago, parece reluzir. Sua fachada imponente e as três torres altas de granito são esculpidas com extravagância em pináculos e fendas, sinos, estrelas, figuras do apóstolo e imagens dos santos que o acompanham, em uma explosão de ornamentação sacra. É a mais exuberante das construções sagradas!

Os peregrinos entram nela por uma grandiosa escadaria dupla que parte da praça, passando em seguida por um pórtico glorioso criado pelo arquiteto do século XII mestre Mateus. Consta que ele está representado na figura esculpida em posição ajoelhada ao pé de uma coluna. Segundo o ritual

ACIMA: A fachada barroca esculpida da Catedral de Santiago de Compostela, um acréscimo feito no século XVII

ESQUERDA: O famoso Pórtico da Glória, composto de cerca de 200 figuras esculpidas por mestre Mateus no século XII

tradicional, o peregrino deve encostar a testa contra a fronte de Mateus, para ganhar um pouco da inspiração dele.

Subindo pela grande nave da catedral e chegando ao santuário atrás do altar-mor alcança-se o momento supremo da experiência dos peregrinos: a passagem pela cripta que abriga as relíquias sagradas, com a imagem, criada no século XIII, do próprio São Tiago – um momento de tanto êxtase para os fiéis que muitos deles se derramam em lágrimas de gratidão.

Valeu a pena, eles parecem estar dizendo; valeram a pena aquelas centenas de quilômetros percorridos para alcançar esse clímax de devoção cristã. Não importa que muitos desses peregrinos na realidade não sejam cristãos, mas pessoas que percorreram o caminho apenas para se pôr à prova ou pela simples aventura. Não importa que o significado de "Compostela" não tenha relação com estrelas, como afirmam teóricos hoje. Nem sequer importa que, na realidade, os restos de São Tiago nunca tenham chegado perto do local.

Nada disso tem importância. A peregrinação até o Campo da Estrela ganhou santidade verdadeira graças às gerações de fiéis que a vêm realizando, e o santuário que é seu destino final exala um espírito sagrado de realização e plenitude.

DIREITA: A enorme nave com abóbada de berço, que leva ao altar-mor. Corredores laterais e um deambulatório em volta da abside foram incluídos no projeto para facilitar a movimentação do grande número de peregrinos

ABAIXO: As relíquias de São Tiago são conservadas na cripta abaixo do altar-mor. É possível apreciar a escala da modesta igreja original do século IX em torno da qual a catedral foi erguida e ampliada até o século XVIII

Noruega

AURORA BOREAL

Em uma das primeiras descrições da Aurora Boreal, ou "Luzes do Norte", o autor da crônica nórdica *Konungs skuggsjá*, de 1230, se esforça para explicar este fenômeno deslumbrante. Quiçá labaredas do outro lado da Terra tivessem alcançado o céu noturno? Ou talvez fosse a energia represada das geleiras escapando para a atmosfera? Ou, quem sabe, os imensos oceanos gelados do Norte fossem cercados por fogo cujas chamas pudessem ser vislumbradas através da escuridão?

Hoje sabemos que as luzes são causadas por partículas carregadas de oxigênio e nitrogênio trazidas da superfície do Sol pelos ventos solares, que penetram em nossa atmosfera e explodem. Mesmo com esse entendimento científico, contudo, nunca podemos prever precisamente quando vão surgir estas nuvens luminosas de verde, vermelho e azul, que parecem dissolver-se no céu como se um vitral tivesse sido pintado com aquarelas. Não surpreende, portanto, que a Aurora Boreal – assim batizada por Galileu Galilei, no século XVII, em referência à deusa romana do amanhecer e ao termo grego para descrever o vento norte – continue a inspirar fascínio e assombro.

Pessoas viajam de todo o mundo para os lugares mais próximos do Polo Norte magnético (um dos dois pontos na Terra em que o campo magnético é vertical), como extremo norte do Canadá, Groenlândia, Islândia e Escandinávia, onde as luzes são vistas com mais frequência. Mudanças no núcleo da Terra estão fazendo este polo deslocar-se lentamente; no momento, ele está perto da ilha Ellesmere, no norte do Canadá. Em setembro e outubro e em março e abril, os equinócios da primavera e do outono aumentam as chances de aparecer as difrações de cores. Contudo, por mais que se pague um cruzeiro guiado ou uma viagem por terra até as regiões mais escuras do Círculo Ártico, o fenômeno da Aurora Boreal ainda é imprevisível.

DIREITA: A Aurora Boreal vista desde o norte da Noruega. Essas cores deslumbrantes são, na realidade, emissões de fótons de partículas carregadas, ativadas pelas partículas transportadas pelo vento solar e aceleradas pelo campo magnético da Terra

Meteora, Grécia

MOSTEIRO DE ROUSANOU

DIREITA: Rousanou é um dos seis mosteiros ainda habitados em Meteora (cujo nome significa "rochedos no ar"). As construções ficam entre penhascos de arenito, a altitudes de 200m a 600m. Ermitãos habitam esta região remota desde o século IX

Meteora é uma paisagem de picos majestosos que a erosão esculpiu em épicas colunas de pedra de dimensões míticas. Erguido de forma precária no alto de uma das colunas de rocha, com penhascos que caem vertiginosamente de cada lado, o Mosteiro de Rousanou vela sobre a paisagem abaixo. Com seu telhado vermelho brilhando ao sol, o mosteiro parece ocupar um lugar especial entre o céu e a Terra.

As primeiras pessoas a viver sobre estes pináculos inóspitos foram ermitãos que escalaram o penhasco até chegar às cavernas e fissuras na rocha, onde viveram em solidão voltada à contemplação divina. Com o tempo, eles se uniram para formar mosteiros. Durante o período de anarquia das invasões otomanas dos séculos XIV e XV, os monges foram subindo cada vez mais alto nos penhascos verticais, buscando segurança na inacessibilidade.

Originalmente, o único acesso possível a Rousanou era por uma grande rede puxada para cima pelos monges que estavam no alto. De acordo com a população local, as cordas só eram substituídas quando "o Senhor deixava que elas se rompessem". Isso garantia que apenas os mais devotos dos peregrinos ousassem a escalada. Hoje há degraus e uma ponte de madeira. Chegando ao mosteiro, o visitante ingressa em um ambiente de sacralidade intensa que vem atraindo devotos há mais de 500 anos. O complexo é feito de uma pequena igreja e celas construídas em volta de um pátio central. O interior da igreja é decorado com afrescos que mostram a assunção de Maria, a ressurreição de Cristo e os martírios dos santos, em todo seu brilho. O esforço necessário para erguer este monumento à fé deve ter sido avassalador. Aqui o mundo moderno desaparece, e tudo o que resta quando você olha para cima são as construções de pedra e madeira do pátio, emoldurando um oceano de luz.

Tomar, Portugal

CONVENTO DE CRISTO

O significado do Convento de Cristo se deve pelo menos em parte a seu valor como símbolo das transformações na relação de Portugal com o mundo. O convento foi originalmente um castelo erguido no século XII sobre um morro próximo ao rio Nabão. Construído pelos cavaleiros templários, sua função original era fazer parte de uma muralha de defesa contra os mouros. A parte mais antiga do complexo atual é a rotunda, ou charola, erguida mais ou menos nessa época. Feixes de luz penetram pelas janelas no alto das paredes, iluminando o interior ricamente decorado, com suas estátuas pintadas de santos e anjos. Até mesmo o teto curvo é coberto de pinturas de cenas da vida de Cristo e seus apóstolos.

No século XIV os templários se reagruparam na Ordem de Cristo, cuja riqueza considerável foi usada para ampliar sua sede em Tomar. Uma nave ornamentada foi acrescentada ao conjunto, com gravuras delicadas e complexas como renda. A famosa janela oeste da Sala do Capítulo é recoberta de esculturas tão densas e complexas que, em um primeiro momento, é difícil discernir seu tema. Os detalhes emergem pouco a pouco – cordas cobertas de líquen, dando a impressão de que acabam de ser içadas das profundezas do mar, velas ao vento, marinheiros trabalhando e paisagens marítimas majestosas –, como emblemas de um legado náutico grandioso. O século XV foi a grande era das descobertas portuguesas. Navios deixavam os portos de Portugal, zarpavam para a costa da África e retornavam carregados do ouro que fez o país enriquecer.

Com isso, o convento foi transformado de fortaleza que isolava o mundo em galeria que resplandece com as riquezas encontradas nas explorações.

ESQUERDA: Centenas de pinturas e esculturas adornam o interior da rotunda do século XII, parte mais antiga do Convento de Cristo

Nos arredores de Kinloch, Escócia

MORVERN

POR ALEXANDER McCALL SMITH

Uma paisagem remota, marcada por dores do passado e espiritualidade

Morvern é uma das partes menos povoadas da Escócia. Antes das Highland Clearances, tragédia sombria que se abateu sobre a população do norte e oeste da Escócia nos séculos XVIII e XIX, mais de 2 mil pessoas viviam nesta região montanhosa remota. Hoje a população é uma fração desse número, e muitos quilômetros quadrados de paisagem rural dolorosamente bela são destituídos de qualquer sinal de vida humana. Mas os rastros das pessoas que aqui viveram nunca serão apagados.

Recordo-me de ter lido o relato feito por William Dalrymple de suas viagens por terras antes ocupadas por palestinos, nas quais ele viu as divisas antigas reaparecendo, obstinadas, debaixo das novas obras feitas na terra – cercas vivas que cumpriam o papel de divisas das terras de agricultores desapropriados voltando a nascer do solo, suas raízes não inteiramente erradicadas, para nos recordar das pessoas que por ali haviam passado. Sejam quais forem os erros e os acertos desse conflito trágico – e as duas partes têm suas reivindicações a apresentar –, a perda da terra própria provoca uma ferida na alma. E isso foi algo que aconteceu a muitos escoceses, para os quais não restou alternativa senão o exílio no Canadá ou nos Estados Unidos. Nesse caso, os que partiram talvez tenham sido mais afortunados que aqueles que restaram; o sentimento de perda talvez tenha sido maior em casa, para aqueles que viram minguar as pessoas que falavam sua língua, cantavam suas canções gaélicas e conheciam sua genealogia.

Por essa razão, Morvern é um lugar de ausência, um lugar onde uma cultura inteira se fragilizou, talvez de forma fatal. Assim, do mesmo modo como as cercas vivas antigas podem renascer na Terra Santa, aqui e ali, nas montanhas desta parte da Escócia topamos com casas que desmoronaram muito tempo atrás, tornando-se ruínas; cercados para ovelhas cuidadosamente construídos de pedra e hoje reduzidos a meros montículos sobre a terra; lugares nos quais se guardavam barcos ou se defumavam peixes; caminhos pelos quais crianças descalças percorriam longos quilômetros para chegar a pequenas escolas. Tudo isso desapareceu.

A força espiritual desta paisagem, contudo, permanece – e é essa espiritualidade que ainda atrai pessoas para esta terra e contribui para sua regeneração. As pessoas escolhem viver aqui hoje graças ao ritmo tranquilo da vida e à pura e comovente beleza destes lagos e montanhas.

Somos remetidos ao passado espiritual em toda parte. A severidade iconoclasta da Reforma escocesa pode ter deixado as igrejas da Escócia com um estilo frio, mas ainda restam muitos elementos de um tempo em que a Escócia era rica em santos exuberantes. A pouca distância de Morvern fica a ilha sagrada de Iona, para onde São Columba trouxe o cristianismo, vindo da Irlanda. Muitas pessoas visitam Iona hoje para vivenciar seu forte ambiente espiritual, mas não é preciso ir à ilha para recordar os santos escoceses daquele tempo: basta olhar o mapa e ver os topônimos que celebram seus feitos. Ben Hiant, a "Montanha Sagrada", em gaélico, pode ser vista desde a extremidade do Loch Teacuis. São Columba teria desembarcado ao pé desta montanha e encontrado um poço sagrado. Do monte se avistam as ilhas de Coll e Tiree e, mais ao longe, as Hébridas Exteriores. É um lugar de neblinas suaves, poesia e santos antigos que sabiam que se encontravam à beira da escuridão, como também o sabemos hoje.

ESQUERDA: Vista do Loch Linne, com a paisagem rochosa e esparsamente povoada de Morvern ao fundo

PÁGINAS SEGUINTES: Os suaves picos nevados de Ben Hiant ("Montanha Sagrada", em gaélico) no inverno

Uppsala, Suécia

GAMLA UPPSALA

Gamla Uppsala, morada de reis e deuses, templo de sacrifício humano. O nome tornou-se sinônimo do paganismo da antiguidade sueca. Os peregrinos de hoje ainda podem ver os outeiros verdes e ondulantes do cemitério de 1.700 anos atrás nos arredores da cidade universitária de Uppsala, mas talvez tenham dificuldade em compreender o significado dos rituais pagãos que eram realizados neste lugar.

Na Idade do Ferro, a água que cobrira a terra em tempos anteriores já havia recuado, e começaram a ser feitos sepultamentos no local. Hoje há milhares de túmulos antigos de terra e pedras, dos quais restam 250 – curiosos montículos verde-esmeralda na paisagem plana e baixa. Os reis que viveram em Uppsala ganharam grandiosas cerimônias fúnebres que obedeciam às leis do deus Odin – os corpos foram queimados para que as almas fossem transportadas a Valhalla. Os restos mortais eram, então, enterrados sob montes de terra, junto com armas e tesouros. Consequentemente, além de ser um lugar de significado espiritual, Uppsala é um grande tesouro arqueológico.

O sítio foi um dos últimos baluartes dos reis germânicos pagãos. Em 1070, depois de a maior parte da Suécia ter se convertido ao cristianismo, o cronista Adão de Bremen escreveu sobre uma civilização pagã dotada de ritos que envolviam sacrifícios humanos feitos em um bosque sagrado. Adão também descreveu um templo requintado, cercado de árvores. Dentro dele ficava o trono triplo de Thor, Odin e Frey.

Hoje uma igreja do século XI (*acima*) ergue-se sobre o que provavelmente são as fundações do templo original. A igreja já foi uma grande catedral, mas a nave e os transeptos foram destruídos pelo fogo, deixando apenas a estrutura atual. Com o tempo, o cristianismo tomaria o lugar da religião dos primeiros habitantes de Uppsala, mas, mesmo com crucifixos pesados e esculturas religiosas, é possível sentir no ar a presença de uma espiritualidade ainda mais antiga e misteriosa.

Turku, Finlândia

CATEDRAL DE TURKU

Diariamente, ao meio-dia, a rádio finlandesa transmite um som que ecoa no coração de todo finlandês: o som dos sinos da Catedral de Turku. A cidade de Turku – conhecida como Åbo pela minoria de língua sueca – foi capital da Finlândia durante séculos, até o Império Russo anexar o país, em 1814, e transferir sua capital para Helsinque, mais próxima da Rússia. Turku ocupa um lugar especial na cultura finlandesa por abrigar esta catedral de 700 anos, sede da igreja luterana finlandesa e reverenciado símbolo da autoestima nacional. A catedral é também o principal santuário do país e o lugar onde estão enterrados muitos finlandeses de renome.

Ao adentrar a nave você sente que a catedral é ao mesmo tempo antiga e moderna. Seu interior evoca tanto a piedade protestante, com paredes nuas que sustentam as maciças abóbadas góticas, quanto o catolicismo medieval, com coloridos fragmentos de afrescos de santos, como o de Santa Bárbara cercada por folhagens delicadas e Santa Verônica segurando o véu que trazia impressa a imagem de Cristo. Duas estátuas do século XV são comoventes por sua humanidade profunda e a habilidade assombrosa com que foram criadas: uma retrata a Madona e o menino Jesus nos braços de Santa Ana, e a outra, Maria dolorosa aninhando o corpo crucificado de Jesus.

Durante a Reforma Protestante, muitas estátuas e imagens de santos, além de outros adereços católicos, foram escondidos na sacristia – onde, mais tarde, sobreviveram ao grande incêndio de 1827, que devastou a catedral e destruiu a maior parte da cidade. Ainda é possível ver tijolos enegrecidos pelo fogo na torre da igreja, abaixo da agulha reconstruída. No interior da catedral, a restauração feita no século XIX rendeu frutos impressionantes, como o retábulo neogótico de Fredrik Westin e o púlpito dourado de Carl Ludwig Engel, que, juntos, formam um contraponto marcante à grandeza gótica da catedral, marcada pela simplicidade.

Sumvitg, Suíça

NOVA CAPELA DE SÃO BENEDITO

DIREITA, ACIMA: A madeira usada na Nova Capela de São Benedito reflete a paisagem florestada da região. Esta capela intimista ocupa uma encosta íngreme e segue um plano de lágrima que faz a construção parecer circular, oval ou como a quilha de um barco, dependendo do ângulo do qual ela é vista

O vilarejo de Sogn Benedetg – São Benedito, na língua romanche local – situa-se no alto dos Alpes suíços, com vistas espetaculares do vale abaixo. Sua tranquilidade foi rompida repentinamente em 1984, quando uma avalanche destruiu a capela do século XIII (*chaplutta*) que ocupava uma elevação a oeste do povoado. Criada pelo arquiteto suíço Peter Zumthor, a nova capela foi concluída em 1988, ocupando um local diferente, ao norte. Feita de madeira em vez da pedra tradicional de sua predecessora destruída, a capela também é inovadora em sua forma. Ela segue um plano de lágrima que já foi descrito como algo que evoca um barco, uma folha ou um olho – presume-se que seja o olho de Deus, que tudo vê.

Ao mesmo tempo em que é, sem dúvida, moderna, a *chaplutta* harmoniza-se tanto com o local que a cerca quanto com antigas tradições espirituais cristãs. Seus sinos ficam em uma estrutura semelhante a um poste, erguida ao lado da capela. Por essa razão ela não possui torre, mas é projetada de tal modo que prescinde disso: vista do vilarejo que se estende abaixo, a construção inteira tem a aparência de uma torre cilíndrica que liga Terra e céu.

Na extremidade da capela ocupada pelo altar, o teto se afila, atraindo naturalmente o olhar da congregação para o alto. O mesmo efeito é exercido pelo anel ininterrupto de janelas colocadas no alto, como um clerestório tradicional.

À primeira vista, o interior, com seu teto marcante com vigas que trazem à mente um barco virado para baixo, pode não se assemelhar a uma nave convencional de igreja. Mas a palavra "nave" significa "navio", denotando que o espaço é uma "embarcação de almas". A capela é um lugar de segurança, um refúgio para as pessoas se abrigarem dos mares revoltos da vida, um local onde elas podem reunir-se em oração ou apenas encontrar contemplação e paz.

Devon, Inglaterra

WISTMAN'S WOOD

POR ANDREW MOTION

Precioso trecho remanescente de natureza intocada

Wistman's Wood (bosque de Wistman): local remoto com nome estranho. Situado no meio de Dartmoor e associado a rituais druídicos antigos, este lugar é um dos mais preciosos remanescentes da natureza em estado virgem.

Vou de carro até perto do centro da vegetação rasteira e o deixo no pátio de um hotel em Two Bridges. Levanto a gola do meu casaco, passo sobre um portão e subo pelo vale do rio West Dart. Não há sinal do bosque, mas um amigo me dissera que eu não deveria deixar de conhecê-lo. Aqui à minha esquerda está o sítio que ele mencionou, com galinhas ciscando no quintal e um cão preto enfurecido, preso a uma corrente. À direita e à frente, a vegetação rasteira vai dando seus suspiros de neblina, abrindo-se cada vez mais para captar o canto de cotovias. O que eu esperava encontrar? Estou ciente das informações. No passado, Dartmoor era recoberta de floresta, sendo exceção os afloramentos rochosos mais altos; então, no final do Mesolítico e durante o Neolítico, a floresta foi derrubada para se cultivar a terra, criando a área selvagem, vazia e erma que conhecemos hoje.

Em poucos lugares a vegetação antiga sobrevive, e em Wistman's Wood essa resistência é assombrosa. Ou, pelo menos, foi o que meu amigo me contou, descrevendo uma confusão de carvalhos atrofiados, com algumas poucas sorveiras-bravas, alguns azevinhos e salgueiros contorcendo-se entre grandes pedras recobertas de musgo, líquens e samambaias.

Caminho por uma boa hora entre o ar úmido e então dou de cara com o bosque. Não se parece com nada que eu já tenha visto antes. Nos documentos mais antigos, sempre se

ABAIXO: Os carvalhos antigos e atrofiados de Wistman's Wood, cobertos de um manto de musgo e líquens. Reza a lenda que o bosque era sagrado para os druidas, que teriam realizado rituais pagãos aqui

menciona principalmente a escala encolhida, fustigada pelo vento. As árvores "não são mais altas do que um homem alcançaria com sua cabeça", escreveu Tristram Risdon, em 1620. Séculos de esforço as esticaram um pouco – quando começo a andar em círculos, vejo espécimes com até 6m de altura. Mas são exceções. A maioria não é maior que eu. São árvores magricelas, com braços e mãos verde-prateadas que se contorcem em volta de dedos invisíveis de ar. "Viver é um esforço tão gigantesco!", é o que dizem seus gestos. "Veja com o que somos obrigados a nos sustentar: pingos esvoaçantes de chuva e a neblina no ar, com pedras onde deveria haver terra!" E as pedras são imensas – tão maciças, de fato, quanto são pequenas as árvores, de modo que o bosque inteiro é um truque complicado de escala. Quanto mais tempo o admiro, mais ele se torna um feitiço. "Wistman's" é uma adaptação de "Wisht Hounds", termo do dialeto de Devon que descreve os lendários cães do inferno que perseguem pecadores e os que não foram batizados.

Completo meu círculo, cubro meu rosto com as mãos e vou em frente. O bosque estremece; ramos que lembram penas me atacam, esfregando líquens sobre meus olhos e boca. Paro imediatamente. Minha entrada é uma violação, nada menos que isso. O que eu queria, afinal? O centro é impenetrável – um tumulto de madeira, folhas e fibras que se movimentam em ritmo lento, que cria seu próprio mundo e não precisa de nada vindo de mim. Que, na realidade, me rejeita, me empurra de volta para o ar rodopiante, onde, após um minuto de esforço, fico parado, respirando fundo. Sou um observador expulso do jardim inculto. É meu destino e meu consolo abaixar a cabeça e então iniciar a longa caminhada de volta, atravessando a vegetação rasteira, até o ponto de onde parti.

DIREITA E ESQUERDA: Musgo, líquens e samambaias cobrem quase toda a superfície do bosque

Assis, Itália

BASÍLICA DE SÃO FRANCISCO

A escala grandiosa deste complexo no alto de uma colina indica a reverência dedicada a São Francisco em todo o mundo cristão. No início do século XIII, depois de viver uma conversão religiosa, Francisco abandonou suas ambições de tornar-se soldado e começou a escrever poesia espiritual. Em suas obras, expôs a ideia de que a melhor maneira de enxergar o divino é contemplar as maravilhas da criação de Deus e como elas se manifestam na vida vegetal e animal. Foi com base nessa filosofia e nas virtudes da penitência e da abstinência que ele fundou a ordem monástica da qual esta basílica é a igreja-mãe.

A construção elevada de pedra da Basílica de São Francisco domina a paisagem em volta há sete séculos e meio. Ela se divide em duas seções, a superior e a inferior, e sua massa metade gótica, metade românica parece elevar-se a partir do majestoso convento habitado pelos monges que vinham juntar-se à Ordem de São Francisco.

Entre pela basílica inferior e você passará sob a ornamentada rosácea, o "olho da igreja". No alto estão os espaços abertos e iluminados da basílica superior, e embaixo de onde você está fica a cripta que abriga o túmulo de São Francisco. O lugar de descanso final do santo foi mantido em segredo durante muitos anos, para impedir que seus restos mortais fossem divididos e distribuídos pela Europa como relíquias sagradas.

O esplendor do interior da basílica consiste não nos vitrais que trespassam a parede em intervalos regulares, mas nas obras de arte que os cercam. Afrescos de artistas como Cimabue e Giotto ilustram a visão que o santo tinha do homem e da natureza convivendo em harmonia. Em vez de alardear o poderio da Igreja, a basílica celebra as virtudes modestas da humildade e da bondade.

DIREITA: A Basílica de São Francisco ocupa o alto de uma colina nos arredores de Assis. Construída para abrigar os restos mortais de São Francisco e celebrar a vida do santo, a basílica é a igreja-mãe da ordem franciscana

Alcobaça, Portugal

ABADIA DE ALCOBAÇA

ACIMA: O claustro gótico, conhecido como Claustro do Silêncio, acrescentado à Abadia de Alcobaça por dom Dinis I no século XIII

DIREITA: Vista da nave alta e estreita da abadia, desde atrás do altar-mor. A ornamentação era mínima, como condiz com os princípios da arquitetura cisterciense

A Abadia de Santa Maria de Alcobaça foi fundada em 1153 por dom Afonso Henriques (1139-85), o primeiro rei de Portugal, na esteira da independência de Leão e de uma sequência de vitórias contra os governantes muçulmanos da Ibéria. Dom Afonso doou o local à ordem cisterciense e o mosteiro seguiu os moldes da grande abadia de São Bernardo em Clairvaux, na França. Hoje Clairvaux está em ruínas, mas ainda podemos ver Alcobaça em sua glória medieval – o primeiro exemplo de arquitetura gótica pura em Portugal. A escala e a beleza de sua construção não têm equivalente em nenhum ponto da Europa. Consagrada em 1252, ainda é maior igreja de Portugal.

A fachada principal do mosteiro, reformada na era barroca, não prepara o visitante para o impacto do interior. Quando entram pela porta oeste, os visitantes perdem o fôlego. A nave é alta e comprida, mas estreita – com 22m, sua largura é menos de um quinto do comprimento –, e isso cria um efeito de altitude que leva as pessoas a erguer os olhos e o espírito aos céus. Entalhes simples decoram as colunas. Para São Bernardo, o mosteiro era um lugar para enriquecer a alma, não o corpo – um lugar sagrado, no qual a vida interior tinha precedência sobre as formas externas. A arquitetura cisterciense refletia esse ideal, como faz a Abadia de Sénanque, na França (*pp. 40-1*).

Mas o interior está longe de ser sombrio, porque sua pedra pálida é iluminada por janelas e uma grande rosácea na extremidade oeste. Há rosáceas também nos dois transeptos, onde os amantes trágicos dom Pedro I e Inês de Castro repousam em túmulos de mármore ricamente esculpidos que contrastam com a simplicidade das paredes em volta.

A igreja da abadia é um lugar solene, no qual a fé inabalável é expressa em pedra sólida. O adjacente Claustro do Silêncio possui simplicidade semelhante, mas é mais delicado em sua escala e execução. O impacto é menos majestoso, mas mais íntimo, condizente com um local onde, no passado, os monges caminhavam em silenciosa contemplação.

Toscana, Itália

MONTALCINO E ABADIA DE SANT'ANTIMO

POR ALEXANDER McCALL SMITH

Paisagens de harmonia atemporal

Fui a Montalcino pela primeira vez quando era estudante na Universidade de Siena. Os lugares que visitamos na juventude podem nos deixar uma impressão duradoura, ainda mais reforçada pela passagem do tempo e pelo modo como a memória faz os detalhes perderem nitidez. Fui em um ônibus que subia pela estradinha tortuosa que chega à pequena cidade, desembarcando perto da fortaleza intimidante que domina todos os acessos à cidade. Naquela época, havia menos visitantes, e o ambiente era de uma calma aprazível. Como é o caso de muitas cidades e vilas italianas, havia uma sensação forte de que coisas importantes aconteceram aqui, mas muito tempo atrás. Passei um dia explorando as vielas da cidade e os caminhos que serpenteavam pelos olivais nas colinas vizinhas. Em quase todos os pontos temos uma vista da paisagem rural toscana que certamente deve ter sido pano de fundo de centenas de pinturas renascentistas. Não seria tão surpreendente se anjos tivessem surgido no céu vazio sobre essas colinas – como um voo de anjos não surpreendeu Al Alvarez em seu tocante poema "Angels in Italy", escrito em uma paisagem como esta.

Em minha visita seguinte, anos mais tarde, fiz incursões pela paisagem rural que cerca a cidade. Caminhei até Sant'Angelo in Colle, um vilarejo no alto de uma colina, que, visto de longe, aparentava estar flutuando no céu, desligado da terra. Passei por uma casa de sítio com dois bois brancos em um quintal e uma velha carroça de madeira estacionada sob uma árvore. Não havia senso algum de urgência, nenhuma impressão de que ganhar a vida com a terra em uma paisagem como esta fosse uma batalha; a sensação que se tinha era de harmonia absoluta e atemporal.

E então descobri a Abadia de Sant'Antimo, poucos quilômetros ao sul da cidade. Esta abadia é vista por muitos como a mais bela das igrejas românicas italianas, uma construção de formato feminino e suave, com uma torre quadrada perfeita, cercada de ciprestes e olivedos. A espiritualidade pode intensificar-se com o tempo: um lugar de oração, como este é, vai adquirindo o que poderíamos descrever como uma pátina espiritual. Centenas de anos de canto monástico parecem ter penetrado na própria tessitura desta abadia, recordando-nos das raízes antigas de nossas tradições religiosas ocidentais. Pouco importa se o visitante não quiser aceitar a verdade literal do que é proclamado aqui: o que conta de fato é a expressão de anseio espiritual que tornou este local sagrado para os monges e as pessoas comuns que vêm orando nesta igreja ao longo dos séculos.

Aqui ainda são observados os ofícios divinos antigos: laudes, hora média, vésperas, completas. A regularidade do horário religioso reflete a regularidade das estações e da vida na paisagem toscana circundante. Não se apresse. Azeitonas e uvas amadurecem em seu próprio tempo. Pare e escute. Contemple quem você é e o porquê de fazer o que está fazendo. Feche os olhos. Imagine anjos.

PÁGINAS ANTERIORES, ESQUERDA: As colinas baixas e ondulantes do vale de Orcia, que cerca Montalcino

PÁGINAS ANTERIORES, DIREITA: As construções da cidade medieval de Montalcino, no alto de uma colina. A cidade deve seu nome a um tipo de carvalho que crescia no passado na região

ESQUERDA: A Abadia de Sant'Antimo, erguida entre os ciprestes e os olivais desta parte da Toscana. Ela foi construída em sua maior parte no século XII. Seus contornos suaves e seus arcos arredondados são característicos da arquitetura românica

Djenné, Mali

GRANDE MESQUITA

À primeira vista, as superfícies desiguais e as torres cônicas da Grande Mesquita de Djenné conferem a esta construção a aparência de um gigantesco cupinzeiro, indistinguível em substância e cor da terra marrom avermelhada sobre a qual ela se ergue. As torres adornam um lugar de adoração islâmica, mas pertencem a uma tradição espiritual muito mais antiga, como pode ser visto nos santuários do povo dogon, de Mali, que homenageiam os deuses da terra e os espíritos dos ancestrais *(pp. 126-9)*. Na Grande Mesquita, as torres mais altas coroam os três minaretes da fachada leste – o lado que dá para Meca –, e cada uma delas tem em seu topo um ovo de avestruz, símbolo tradicional de vida, fertilidade e renovação. Em Djenné, um espaço sagrado islâmico está intimamente vinculado à reverência milenar pela terra e – em uma região posicionada na periferia do árido Saara – à fertilidade precária.

A Grande Mesquita é a maior construção do mundo feita de adobe – tijolos de barro seco e palha cobertos por uma camada de barro. Erguida sobre uma plataforma artificial, bem acima do nível de possíveis enchentes, ela domina a praça do mercado de Djenné, com paredes de 75m de comprimento e 20m de altura. Dois grandes salões de oração ocupam metade da área da mesquita, sendo a outra metade um pátio aberto. As paredes de adobe ajudam a resfriar o interior escuro do salão principal de preces, no qual até mil fiéis podem fazer suas orações sobre esteiras, entre uma floresta de pilares de madeira que sustentam o telhado.

Embora a mesquita seja protegida contra enchentes, suas paredes de adobe ainda são vulneráveis às chuvas e ao calor sufocante que dura o ano inteiro. Calhas dirigem a água para longe das paredes, que são perfuradas por ramos de palmeira, para ajudar a absorver o desgaste provocado pelas variações de temperatura e umidade. Os ramos também cumprem a função de escadas quando, uma vez por ano, a população inteira de Djenné se reúne na mesquita, com baldes de barro, para fazer os reparos essenciais à parte externa da construção. Para um povo tão dependente do solo, é um ato justo de gratidão a Alá por suas bênçãos contínuas.

ACIMA: Um corredor sombreado no interior da Grande Mesquita

DIREITA: Um vislumbre das três grandes torres da fachada leste. As saliências escuras são feixes de ramos de palmeira

Município de Belém, Cisjordânia

BELÉM

Belém é sinônimo de muitas coisas para pessoas diferentes. Ela significa o lugar onde Cristo nasceu, uma cidadezinha com uma estalagem e uma manjedoura. Significa arame farpado, muralha odiada e igreja cercada. Significa os reis cruzados da cristandade e uma maioria muçulmana na Palestina. Significa suvenires baratos para turistas e relíquias para peregrinos. Significa, literalmente, "Casa do Pão", se nos basearmos no hebraico antigo, ou "Casa da Carne", se nos pautarmos pelo árabe original. O deserto infértil a sua porta, contudo, parece zombar dessas duas traduções. Belém é uma cidade difícil de se conhecer.

Não há dúvida, porém, de que vale a pena fazer o esforço. Comunidade movimentada de 30 mil habitantes, Belém, localizada no coração de algumas das disputas mais antigas da história, nem sempre foi uma parte feliz do mundo, mas sempre foi uma parte crucial.

Para os cristãos, é claro, Belém é o cenário do nascimento de Cristo – significado celebrado pela imponente Igreja da Natividade. Construída sobre a gruta onde a Virgem Maria teria dado à luz Jesus, já foi demolida, reconstruída, conquistada, retomada e até mesmo cercada por forças israelenses quando militantes palestinos se refugiaram nela, em 2002. A igreja hoje é controlada por três denominações cristãs e ainda constitui a atração principal para as centenas de milhares de pessoas que visitam a cidade. Belém também é um destino de peregrinação importante para judeus, muitos dos quais vêm para cá todos os anos a fim de visitar o túmulo de Raquel, esposa de Jacó e "mãe eterna".

Para a população da cidade, Belém é, antes de mais nada, um lar, e o muro que separa a cidade de Israel é uma causa comum de sofrimento para os habitantes muçulmanos, que são a maioria, e para a comunidade cristã antiga, cujo êxodo gradual é atribuído por muitos à presença da barreira. A despeito de suas ligações com disputas políticas, contudo, Belém conserva uma atmosfera de reverência que é respeitada igualmente por cristãos, judeus e muçulmanos.

ACIMA: O interior da Igreja da Natividade, na Praça da Manjedoura, em Belém. Local importante para cristãos e muçulmanos e palco de um cerco dramático em 2002, a igreja foi erguida sobre uma caverna que se acredita ter sido o lugar onde Jesus nasceu

ESQUERDA: O horizonte de Belém. Duas torres de igreja ladeiam o minarete da Mesquita de Omar, a única mesquita da velha cidade

Península do Sinai, Egito

MONTE SINAI

O monte Sinai não reivindica o status de montanha mais alta ou mais espetacular da região sul do Sinai. A importância da montanha se deve a algo muito mais forte que isso: a fé.

Para os cristãos, foi no monte Sinai que Deus falou a Moisés; aqui Moisés recebeu os Dez Mandamentos, foi incumbido por Deus de sua missão e encontrou a sarça que ardia em fogo, mas não se consumia. Embora exista alguma controvérsia quanto a se o monte Sinai de hoje é ou não de fato o mesmo lugar que o monte Sinai bíblico, peregrinos em grande número ainda sobem a montanha sagrada por uma trilha íngreme conhecida como o Sikket Saydna Musa, ou "Caminho de Moisés", galgando 3.750 degraus de penitência.

No sopé do monte encontra-se o Mosteiro de Santa Catarina, um dos mosteiros cristãos ainda em funcionamento mais antigos do mundo. Reza a lenda que os restos mortais de Santa Catarina de Alexandria teriam sido levados ao monte Sinai por anjos e descobertos por monges. Situado na entrada de um desfiladeiro inacessível, o mosteiro é hoje um local de peregrinação muito procurado e abriga a segunda maior coleção mundial de códices e manuscritos antigos.

Partindo no meio da noite para evitar o calor, os peregrinos caminham no escuro, passando por ciprestes, capelas e estruturas antigas que homenageiam os santos e a Virgem Maria; há também um arco de pedra onde, muito tempo atrás, um monge teria ficado sentado, ouvindo as confissões das pessoas que por ali passavam. Quando se acercam do pico, encontram um anfiteatro natural onde os 70 sábios aguardaram enquanto Deus falava com Moisés. No topo rochoso da montanha, há uma mesquita e uma pequena capela ortodoxa grega. Aqui os peregrinos oram e agradecem a Deus ou apenas olham para o horizonte enquanto o sol nasce sobre as montanhas em volta.

ESQUERDA: Peregrinos rezam no lugar onde Deus teria falado com Moisés, no alto do monte Sinai

Damasco, Síria

MESQUITA UMAYYAD

POR JAN MORRIS

No interior do complexo sagrado

No coração tumultuoso de Damasco – um caleidoscópio de trânsito e multidões, movimento e agitação, com todas as variedades possíveis de rostos, cores e ruídos –, em uma das extremidades dos bazares fervilhantes, há um enclave de santidade indiscutível.

A Mesquita Umayyad, em Damasco, é a mais antiga de todas as principais mesquitas do islã, e o local é celebrado há muitos séculos por sua santidade. No passado havia um templo romano aqui, dedicado ao deus Júpiter. Durante anos houve uma catedral cristã, na qual era venerada a suposta cabeça de São João Batista. Quando o lugar tornou-se uma mesquita muçulmana, no século IX, seus construtores se propuseram a fazer desta uma maravilha do mundo islâmico.

Dizem que a mesquita original, que dera origem a todas as outras, foi pouco mais que uma planta baixa riscada nas areias arábicas, até que construções foram erguidas para homenagear o complexo de adobe do próprio Maomé em Medina. Por essa razão, a Mesquita Umayyad ainda possui elementos do austero e do doméstico, tendo o conjunto todo sido desenvolvido para tornar-se um prodígio da convicção religiosa nobre.

Uma parte da mesquita é um grande salão de orações, recoberto de tapetes e sustentado por pilares, sugestivo e sombreado – aqui, entre as colunas cerradas, a qualquer hora do dia é possível ver fiéis sentados, orando e meditando, resguardados contra o calor sírio, em uma reencarnação daquele complexo de adobe erguido em Medina muito tempo atrás. O restante da mesquita é aberto ao céu, e, em seu imenso quadrado com colunatas, é possível imaginar-se naquele quadrilátero na areia onde os primeiros muçulmanos rezaram para Alá – um imenso cercado nu, antes decorado com mosaicos coloridos, que hoje são em sua maioria monocromáticos e austeros, como um trecho do próprio deserto. Pombos voam de lado a outro, e as pessoas caminham pelo espaço ou ficam sentadas, refletindo em silêncio.

Sobre esse espaço espetacular ergue-se o maior dos três minaretes da mesquita, vigiando os fiéis como se fosse a ponte de comando de um navio de guerra. Há muitos séculos o chamado à oração parte do topo deste minarete. Muito tempo atrás, imagino, os cantos dos sacerdotes de Júpiter devem ter sido ouvidos aqui, e um dos minaretes da mesquita é baseado sobre uma torre do templo pagão. Depois disso foram ouvidos os hinos da devoção cristã, e ainda hoje a suposta cabeça de São João Batista é conservada em seu relicário no salão de preces.

É a aura inconfundível do islã que hoje proclama a santidade da Mesquita Umayyad, em Damasco. Mas gosto de pensar que, na continuidade antiga de sua história e no esplendor calmo e bondoso de sua arquitetura, o lugar também expressa tudo o que há de mais sagrado nas religiões de todo o mundo.

EXTREMA ESQUERDA: Vista aérea da agitada Damasco, dominada pelo pátio e os três minaretes da Mesquita Umayyad

ESQUERDA: Detalhe do mosaico na fachada principal. Embora muitos dos mosaicos da mesquita tenham se perdido ao longo do tempo, as partes superiores de quase todas as paredes devem ter sido assim decoradas no passado, sendo as partes inferiores revestidas de mármore. A maioria dos mosaicos retrata vilarejos ou casas isoladas entre plantas e árvores estilizadas, e acredita-se que representem visões do Paraíso

ACIMA: Mulheres sentadas em um dos arcos do pátio, protegendo-se do calor sírio

DIREITA: O quadrângulo com colunatas em torno do qual a mesquita é erguida faz as vezes de ponto de encontro de fiéis. A estrutura octogonal separada é o Domo da Tesouraria, usado no passado para guardar valores públicos em segurança

Istambul, Turquia

SANTA SOFIA

Esta construção imensa foi durante 900 anos uma catedral cristã e, depois, por outros 500 anos, uma mesquita muçulmana. Ela não apenas sentiu o poder de imperadores e sultões como sofreu com os saques de exércitos invasores. De fato, para um local de adoração, Hagia Sophia – ou Santa Sofia – ostenta mais que sua justa parcela de cicatrizes. Muitos de seus mosaicos bizantinos antes gloriosos foram danificados ou destruídos, enquanto seus tapetes islâmicos foram retirados depois de o edifício ter sido convertido em museu, em 1935.

Hoje as duas religiões coexistem em seu interior, paralisadas em um estado de desarmonia suspensa. Gigantescos discos de madeira portando os nomes de Alá e de seu profeta Maomé olham para o outro lado, para imagens restauradas, de ouro, de Cristo Pantocrator ("Todo-Poderoso"). Uma religião (o islã) proíbe a representação da forma humana ou divina, enquanto a outra (o cristianismo) se compraz nela, e aqui essa contradição encontra expressão suprema.

Enquanto as obras de arte nas paredes podem emitir mensagens conflitantes, o edifício em si comunica uma aura de poder, com robustas colunas de pedra, pisos de mármore que transmitem ecos e grandes lajes de pedras trazidas de todas as partes do mundo mediterrâneo (pórfiro egípcio, pedras negras do Bósforo, pedras amarelas da Síria). O grandioso domo central ergue-se 55m acima do chão, trespassado por 40 janelas pelas quais entram feixes de luz, criando o efeito de o lugar ser suspenso por alguma força celestial.

Foram necessários 10 mil trabalhadores para construir esta estrutura imensa, e, quando ela foi oficialmente consagrada, no ano 537, já era a terceira catedral cristã a ser erguida neste mesmo local (a primeira foi construída no ano 360). Desde então, Santa Sofia já suportou o que de pior a humanidade e a natureza lhe poderiam infligir – aquela com guerras e pilhagens, esta com incêndios e terremotos. E ela permanece em pé.

ACIMA: O exterior de Santa Sofia. Os minaretes foram um acréscimo posterior, islâmico

DIREITA: O interior imenso que ecoa e exibe as evidências da adoração cristã e muçulmana

Zona de Semien Wollo, Etiópia

LALIBELA

POR PICO IYER

A Nova Jerusalém da Etiópia, feita de igrejas esculpidas em rocha

Por onde quer que você olhe, há suplicantes vestidos de branco e padres com longas barbas negras e olhos profundos, balançando-se para frente e para trás enquanto folheiam gastos exemplares da Bíblia. As encostas dos morros em volta das igrejas esculpidas em rocha são repletas de figuras em vestes longas com capuzes – centenas delas. Quando o sol nasce e os padres se posicionam sob guarda-sóis em tons do arco-íris, envoltos em nuvens de incenso de olíbano, peregrinos com nomes como Belém, Salomão e Abraão os seguem, depois de caminhar por duas semanas para chegar a este espaço sagrado.

ACIMA: Um padre na entrada da Igreja de Bete Gabriel-Rufael, uma das onze "igrejas em rocha" de Lalibela

ESQUERDA: A Igreja de Bete Giyorgis, em formato de cruz. A estrutura foi inteiramente esculpida em rocha; seu telhado fica rente ao chão

Freiras ficam sentadas em celas sem luz em choupanas de dois andares, com crucifixos brancos nas portas de ferro; garotos tocam sistros e tambores de couro de boi; os lugares aqui são chamados Gólgota, Nazaré e Jordão, para que os crentes que não puderem ir a Jerusalém encontrem uma Nova Jerusalém mais perto de casa. "Isto é o Paraíso", disse um guia quando me conduziu, num dia de Ano-Novo, pelas onze igrejas de 700 anos de idade esculpidas na rocha vermelha. "Assim que você pisa aqui, pisa no Paraíso."

Boa parte da Etiópia se assemelha um pouco a uma igreja pulsante, cantante, com a cultura cristã mais antiga do mundo – seus pastores, burros e oliveiras recordam a existência de uma tradição que quase não mudou nos últimos dezesseis séculos. Alguns acreditam que aqui ficava o Jardim do Éden original, enquanto outros creem que a Arca da Aliança tenha sido enterrada aqui; foi certamente este o lar da rainha de Sabá, e até hoje o lugar observa o calendário juliano, com treze meses em cada ano. O Livro de Enoque (atribuído ao bisavô de Noé e filho de Jarede) existe apenas na língua etíope ge'ez.

Mas toda a intensidade da Etiópia, onde as preces movem o coração como em nenhum outro lugar que conheci – exceto no Tibete –, chega ao auge em Lalibela, um conjunto remoto

de locais de adoração ao qual se chega por estrada de terra. A luz entra por janelas em formato de cruz; incensos enchem os espaços antigos de perfume; meninos correm entre os corredores subterrâneos, enquanto sacerdotes em vestes de cor púrpura, com crucifixos dourados nas mãos, repetem preces em voz baixa à meia-luz.

Verdadeiramente sagrado é um lugar que vive, respira, chora e sufoca o coração. Lalibela é assim, com seus homens que se apoiam sobre bastões, com seus diáconos de barbas longas, saídos do Livro dos Reis, com seus silêncios. O imperador veio rezar aqui quando chegaram os primeiros camisas-negras de Mussolini.

Para os etíopes, as igrejas esculpidas em rocha foram construídas com a ajuda de anjos, um dos quais visitou o rei Lalibela no final do século XII e o instruiu a erguer uma cidade ao norte. Para os historiadores, as estruturas, erguidas a 2.300m acima do nível do mar, levaram 23 anos para ser construídas, com a ajuda de mão de obra da Espanha, Grécia e Índia. Para o restante de nós, Lalibela é um lugar para expandir e aprofundar nosso senso do possível. Hoje ela está ali para qualquer pessoa que estiver preparada para fazer a longa peregrinação, atravessando as planícies.

ACIMA: Leitura no interior mal iluminado da Igreja de Bete Golgotha Michael, em Lalibela

ESQUERDA: Um padre descansa na janela de outra igreja esculpida em rocha

Jerusalém, Israel

MONTE DO TEMPLO

Nenhum outro lugar na Terra pode reivindicar uma concentração tão grande de significado espiritual quanto uma esplanada de 14ha, feita pelo homem, na Cidade Velha de Jerusalém – e é provável que nenhum outro local, tampouco, possa arrogar-se igual importância política e histórica. Seja como for que se veja o lugar e independentemente da religião de quem o julga, é justo afirmar que uma compreensão do Monte do Templo é crucial para nossa concepção do que significa o ser humano.

Dentro de seu perímetro, este imenso complexo abrange o local mais sagrado do judaísmo e o terceiro mais sagrado do islã. Segundo a Torá, Adão foi criado aqui a partir do pó. Para os muçulmanos, a curva dourada da Cúpula da Rocha assinala o destino de Maomé quando ele viajou a Jerusalém e o ponto a partir do qual ele ascendeu ao céu. A uma distância pequena, um pouco fora dos limites do complexo, a Igreja do Santo Sepulcro ergue-se sobre o monte Gólgota, onde Jesus teria sido crucificado. E, do outro lado do Muro Ocidental – ou Muro das Lamentações –, judeus de Israel e de todo o mundo se reúnem para orar, deixando suas missivas a Deus nas fendas entre as lajes de calcário; um lugar que se acredita ser o único resquício de seu Templo Sagrado.

Os judeus que oram no Muro das Lamentações não podem fazê-lo dentro do próprio complexo do Monte do Templo por razões tanto religiosas quanto políticas: por um lado, por entrar impuros na localização desconhecida do ponto mais sagrado do mundo e, por outro, pelos temores de que a disputa que se arrasta há muito tempo em torno da soberania espiritual do local possa de novo desencadear violência. Os policiais de aparência nervosa que patrulham o monte hoje já são parte tão integrante dele quanto os fiéis. Há algo de estranho nessa dissonância em um lugar que continua a ser o que é há muito tempo: um dos locais mais espiritualmente carregados do mundo.

ACIMA: O Monte do Templo e a Cúpula da Rocha. Considerado sagrado por judeus, cristãos e muçulmanos, o local é visitado por milhares de peregrinos todos os dias

DIREITA: Erguido no século VII, a Cúpula da Rocha é a construção islâmica mais antiga a sobreviver no mundo

Meroe, Sudão

PIRÂMIDES DE MEROE

Os túmulos piramidais de Meroe erguem-se do deserto como ilhas num oceano de areia, testemunhas mudas das glórias da Núbia, civilização africana antiga que floresceu até a Idade Média. Meroe foi uma das cidades núbias mais importantes e, por quase 700 anos, a partir de cerca de 300 a.C., foi a capital do reino núbio de Cuche. Pouca coisa resta hoje da grandiosa cidade cuchita, exceto montículos de pedra e tijolo e algumas ruínas de palácios e templos de inspiração egípcia. Meroe não foi apenas uma cidade, mas duas. Ao lado da cidade dos vivos havia uma cidade sagrada dos mortos, com 200 túmulos piramidais nos quais foram sepultados monarcas e membros da nobreza.

Mais de 40 soberanos foram mumificados e sepultados nas pirâmides, que eram vistas como portas de entrada para a vida eterna. Sepultados em câmaras subterrâneas, esses governantes – homens e mulheres – foram cercados por objetos de grande valor. As pirâmides cuchitas, contudo, não são meras cópias das egípcias. Estes lares dos mortos são muito menores e mais íngremes que as Pirâmides do Egito, têm laterais em degraus e medem até cerca de 30m de altura. De seu topo, as almas dos mortos deveriam ascender até onde viviam os deuses.

Seria possível supor que a parcial destruição das pirâmides se deve à ação do tempo e dos ventos do deserto que fustigam o local, com partículas de areia atuando como lixas. Na realidade, porém, um aventureiro italiano destruiu 40 delas na década de 1830, procurando ouro. Poucas destas foram restauradas.

Ao lado das pirâmides há capelas nas quais os cuchitas realizavam ritos funerários e faziam oferendas. No interior delas, frisos gravados mostram os monarcas de perfil, muitos deles protegidos pelas asas de Ísis. As inscrições gastas foram feitas na escrita meroítica, que nunca foi traduzida. Os mortos de Meroe guardam muitos de seus segredos até hoje.

DIREITA: Algumas das 200 pirâmides em que os cuchitas sepultavam os mortos para ajudá-los a empreender a jornada até a vida após a morte

Nos arredores de Bulawayo, Zimbábue

COLINAS DE MATOBO

POR ALEXANDER McCALL SMITH

Mágica morada dos espíritos

As colinas de Matobo – ou Matopos, como eram chamadas no passado – formam um dos lugares de mais profundo significado espiritual na África. Apenas o mais delicado dos pincéis poderia captar a beleza desta grande expansão de montes graníticos. Eles não podem ser descritos como altaneiros, pois não são tão altos assim; não se pode afirmar que inspirem respeito nem que sejam selvagens ou desolados. São pacíficos, mas não domesticados nem amansados. O que são, sem dúvida, é completamente enfeitiçantes.

As colinas se estendem ao sul desde os arredores da cidade de Bulawayo, no Zimbábue. Esta foi erguida no sítio da velha capital do reino de Matabeleland, fundado pelo rei ndebele Mizilikazi. O rei foi sepultado em uma caverna na periferia das colinas de Matobo, e durante muitos anos seu túmulo permaneceu desconhecido, sem ser assinalado. Recordo-me de, mais de vinte anos atrás, ter procurado a casa da médium espiritual que vigiava o túmulo. Ela era uma mulher agradável e cortês chamada Alice, que me conduziu, passando por vegetação cerrada, até uma abertura na rocha. Ali ela recitou um longo poema de louvor na língua ndebele, tradicionalmente declamado diante dos reis zulus e ndbeles. Olhando dentro da caverna, era possível apenas divisar os fragmentos da velha carroça de bois do rei (o corpo do rei tinha sido colocado em uma parte separada da caverna e encerrado atrás de uma muralha de pedras). Foi impossível não me impressionar com o significado desse ponto, o local de descanso final do fundador de um reino que seria depois dominado por uma história tão triste e decepcionante.

Mais para a frente nas colinas, a natureza empilha rochedos de granito uns sobre os outros, formando montículos improváveis. Graças à camada de líquens que as recobre, essas grandes pedras são verde-acinzentadas; vermelhas sob o sol do poente; reluzem azuis à distância; e se apresentam quase brancas à luz do amanhecer. Sua imobilidade silenciosa parece falar mais alto que o grito insistente das cigarras; mesmo na temporada chuvosa, quando as chuvas caem em trovejantes cortinas brancas, as colinas conservam essa qualidade de quietude.

Para o povo ndebele, estas colinas são a morada de espíritos ancestrais cuja influência ainda pode ser sentida na vida de seus descendentes. O cristianismo importado se sobrepôs a essas crenças, mas elas ainda exercem um papel atenuado na vida de muitos desta região. Espírito e espaço estão vinculados de forma íntima, e essa verdade se aplica a um dos lugares mais belos de Matobo, a grande colina conhecida como Malindidzimu, ou "Morada dos Espíritos". A colina é sagrada para o povo ndebele e foi escolhida por Cecil Rhodes para sediar seu túmulo. Os visitantes modernos – mesmo aqueles que podem ignorar toda a dor da história deste país – invariavelmente se impressionam e são silenciados quando chegam a este pico e olham para um panorama de colinas que parecem estender-se ao infinito, para alguma África distante que vive em nossos sonhos.

DIREITA, ACIMA: Pilhas de rochedos graníticos no topo de Malindidzimu, a "Morada dos Espíritos", nas colinas de Matobo

DIREITA, ABAIXO: Vista das moitas e dos afloramentos rochosos dos contrafortes das colinas de Matobo

Bandiagara, Mali

SANTUÁRIOS DOGON

A maior parte do povo dogon vive nos vilarejos escarpados de Bandiagara, na região central do Mali, que se erguem sobre as planícies circundantes ao longo de cerca de 160km. Para os dogons, esta paisagem é santa, e em quase todo lugar que você percorrer na terra dogon encontrará poços, pedras e cavernas que são sagrados. Os locais mais venerados de todos são os santuários encontrados no coração de cada vilarejo dogon. Como as casas dos povoados, de telhados planos e celeiros cônicos com telhados de colmo, estes santuários – em especial os santuários de Lebe e dos Binus – são construídos principalmente de barro e parecem emergir do solo como se fossem elementos naturais da paisagem.

Os santuários de Lebe contêm o altar do deus da terra, Lebe, a mais importante das divindades dogons. O primeiro ser a morrer, Lebe renasceu como serpente, dando início ao ciclo inteiro do nascimento, morte e novo crescimento. No santuário de Lebe, o chefe do vilarejo, conhecido como Hogon, realiza rituais para encorajar a terra a frutificar. De acordo com as histórias antigas de criação dos dogons, Lebe fazia parte de uma de quatro duplas de gêmeos, os Nommos, que desceram à Terra no início da criação vindos de um "ovo cósmico" nas estrelas. Os gêmeos tornaram-se os ancestrais da humanidade, e consta que seus espíritos residem nos oito nichos presentes na fachada de um santuário típico dedicado a Lebe.

O segundo tipo de santuário é dedicado ao culto dogon aos seres protetores sobrenaturais conhecidos como binus. Esses santuários são enfeitados com pinturas e relevos simbólicos

nas cores tradicionais dos dogons, preto, branco e vermelho, além de em uma série de tonalidades terrosas. Um elemento que chama a atenção nos santuários são os curiosos riscos brancos presentes sobre as fachadas, deixados por oferendas de mingau de painço despejadas sobre as paredes, durante os rituais, para pedir chuva e uma colheita abundante aos espíritos binus. As quatro ou oito torres pequenas de alguns dos santuários são coroadas com ovos de avestruz, símbolos de fertilidade e do ovo cósmico, como na Grande Mesquita de Djenné *(pp. 104-5)*.

Também aqui, é a relação íntima entre a terra, os animais e as pessoas que forma um fio condutor sagrado a unir todos os aspectos da vida dogon.

ABAIXO: Pinturas simbólicas tradicionais dos dogons no vilarejo de Songo, em Bandiagara. Este local é palco de uma cerimônia de circuncisão realizada a cada três anos. As pinturas são de estilo semelhante às encontradas em alguns dos santuários dos binus

ESQUERDA, ABAIXO : Um santuário dogon dedicado aos binus, seres protetores sobrenaturais. As pequenas torres do santuário são coroadas com ovos de avestruz, que simbolizam pureza e fertilidade

PÁGINAS SEGUINTES: Um povoado dogon abandonado construído na encosta de um penhasco

Arábia Saudita

MECA

Cidade agitada e cosmopolita de quase 2 milhões de habitantes, com avenidas de várias pistas, lojas, edifícios residenciais, escritórios e hotéis, Meca - ou *Makkah* - à primeira vista transmite uma impressão de normalidade urbana. Mas a impressão é ilusória, porque Meca é diferente de qualquer outra cidade do mundo. Ela é o lugar de nascimento do islã, e pessoas de outras religiões não podem penetrar em seus limites, que abrangem a própria cidade e vários outros sítios no vale árido que a cerca. No coração de Meca encontra-se a grande Mesquita de Haram, na qual se localiza o santuário Kaaba, uma estrutura retangular que contém a Pedra Negra sagrada, possivelmente um meteorito. Para 1 bilhão de muçulmanos, este é o lugar mais sagrado do mundo.

Um dever sagrado de todos os muçulmanos é orar cinco vezes por dia, voltados na direção de Meca. Outro é realizar o Hajj, ou peregrinação a Meca, pelo menos uma vez na vida, se tiver condições. Meca é inseparável do Hajj. O evento acontece em Dhul-Hijjah, o 12º mês do calendário lunar islâmico, quando milhões de muçulmanos se dirigem à cidade vindos de todas as partes do mundo. É essa a razão dos muitos hotéis daqui: não são para turistas, mas para peregrinos.

O Hajj é um grande ato de renovação espiritual. É árduo e exige que se visite não apenas a Kaaba, mas vários outros sítios sagrados no vale ao longo de vários dias. O Hajj começa nos arredores da cidade, na *Miqat*, ou Entrada, onde os peregrinos se banham conforme o ritual, trajam vestes brancas

sem costura, rezam para Alá e se dedicam ao Hajj. Em seguida, eles vão à Mesquita de Haram para realizar o Tawaf, ritual de circular sete vezes em volta da Kaaba, situada no imenso pátio assimétrico da mesquita.

Mas isso é apenas o começo – o *Umra*, ou "Pequeno Hajj". Para cumprir seu dever sagrado, nos dias seguintes os peregrinos devem caminhar sete vezes de ida e volta entre as colinas sagradas de Safa e Marwa; louvar Alá sob o calor fustigante do vale de Arafat; visitar a planície de Mina para atirar pedras contra três pilares que simbolizam Satã; dormir sob as estrelas na planície de Muzdalifah; e então realizar um sacrifício ritual. Depois de outro Tawaf na Mesquita de Haram, eles retornam a Mina e, então, finalmente, voltam à cidade para descrever uma última volta em torno da Kaaba.

Com isso, o Hajj é concluído, e os peregrinos retornam a seu lugar de origem e a sua vida normal – mas retornam purificados, em união com Alá e tendo conquistado o direito de ser conhecidos como *Hajji*, ou, no caso das mulheres, *Hajja*: peregrinos. Há um ditado que diz que um peregrino pode afastar-se de Meca, mas Meca nunca se afasta do peregrino.

ESQUERDA: Peregrinos esticam os braços para tocar e beijar a Pedra Negra e a porta da Kaaba, santuário mais sagrado do islã e da peregrinação muçulmana

EXTREMA ESQUERDA: Fiéis cercam a Kaaba no pátio da Mesquita de Haram, em Meca. No início e término do Hajj (peregrinação a Meca), os peregrinos devem andar em volta da Kaaba sete vezes

Província de Ararat, Armênia

MOSTEIRO DE KHOR VIRAP

No Mosteiro de Khor Virap há uma igreja e uma capela pequenas, sem adornos, situadas numa planície larga e plana diante do pico sagrado do monte Ararat - onde, segundo a Bíblia, a Arca de Noé parou depois do dilúvio. A importância deste mosteiro aparentemente humilde deve-se menos à sua localização espantosa que à história da conversão da Armênia, que a fez tornar-se o primeiro país cristão do mundo.

O mosteiro em si, que consiste de uma igreja, uma capela menor, as celas dos monges e um refeitório, é protegido por muralhas que lembram as de uma fortaleza. A Igreja de Santo Astvatsatsin, do século XVII, foi construída de tijolos vermelhos e quase não possui ornamentos, com exceção de algumas esculturas da cruz armênia, e nem sequer tem janelas em sua parte externa. Seu interior também é austero; o único ornamento é um pequeno retábulo pintado.

Khor Virap, no idioma armênio, significa "poço profundo"; oculto sob a vizinha Capela de São Gevorg, construída no século VII, há um túnel escavado no chão de pedra. Degraus de metal cravados na rocha descem para uma pequena masmorra de pedra enegrecida, a 6m sob a superfície, cuja escuridão só é aliviada por um feixe de luz do sol que passa por um buraco minúsculo, que faz as vezes de janela, e por algumas velas que disputam o ar limitado do espaço.

Este poço claustrofóbico é o lugar onde o santo padroeiro da Armênia, Gregório, o Iluminador, passou treze anos encarcerado no século III, sob ordens do rei Trdat III. Reza a lenda que o rei mais tarde teve uma doença que o converteu em um javali selvagem. Depois de Gregório ser libertado, ele conseguiu curar o rei e, em seguida, convertê-lo ao cristianismo, levando a Armênia inteira a tornar-se cristã.

DIREITA: Mosteiro de Khor Virap, com o monte Ararat ao fundo. Situado sobre uma das únicas colinas do vale de Ararat, o mosteiro é um dos locais de peregrinação mais procurados na Armênia

Arabah, Jordânia

PETRA

POR PICO IYER

Cidade escondida no deserto

Você chega por uma fenda minúscula às rochas de arenito e depois caminha pelo que aparenta ser um desfiladeiro, tão estreito que em alguns pontos mal chega a 4m de largura e tão alto que não se enxerga o céu. Você continua andando, durante 15 minutos ou mais, por uma garganta de rocha vermelha – tão silenciosa e escura que é como se estivesse deslizando pelo fundo do Grand Canyon. Então, de repente, você emerge na luz, e à sua frente, com 40m de altura e 27m de largura, há um imenso palácio de seis colunas, esculpido em rocha viva, com figuras clássicas: a "Tesouraria".

ACIMA: A entrada de um dos 500 túmulos abertos no arenito de Petra

ESQUERDA: O palácio conhecido como Al Khasneh, ou a Tesouraria, visto a partir do desfiladeiro pelo qual se chega a ele

Mais adiante você anda por uma passagem um pouco mais larga e passa pela "Rua das Fachadas", com túmulos em cada esquina. Então você sai de novo para a luz e se vê diante de um grande espaço aberto que se assemelha a uma cidade escondida no deserto. Aqui há um anfiteatro, no qual, originalmente, 3 mil espectadores podiam se reunir. Quinhentos túmulos ocupam as encostas e as cavernas. À distância se vê outra estrutura (o "Mosteiro"), ainda maior que a Tesouraria.

Petra, a "cidade da pedra vermelha", foi fundada pelos nabateus nos montes Shara, no sul da Jordânia, nos cinco séculos anteriores ao nascimento de Cristo. A área já era habitada havia mais de 6 mil anos – alguns dos primeiros agricultores da história tinham se fixado entre estas colinas e estes uádis –, e os nabateus, uma tribo nômade do oeste da Arábia, se deram conta de que o local secreto (Rakeem, como o chamavam) seria perfeito para erguer uma cidade. A partir daqui, eles podiam controlar as rotas comerciais em quatro direções: Gaza, Damasco, Ácaba e pelo deserto. Em sua época áurea, no tempo em que Jesus viveu, Petra tinha 30 mil moradores, e seus habitantes empreendedores criaram a própria escrita (precursora da escrita arábica) e construíram os próprios e engenhosos canais e diques.

Quando os romanos dominaram Petra, no ano 106, perceberam quão valiosa poderia ser uma cidade escondida. Eles ergueram casas de banho e colunatas, de modo que Petra (palavra que significa "pedra", em grego) tornou-se um novo tipo de capital, ainda maior que antes. Então a história avançou, e a cidade inteira voltou a cair em silêncio, oculta atrás de seus altos paredões rochosos. Durante mais de 500 anos, quase ninguém soube que ela existia. Os beduínos que viviam na região se esforçavam para manter a existência dela em segredo. Apenas em 1812, quando o explorador suíço Johann Ludwig Burckhardt chegou ao sítio, atraído por histórias sobre uma cidade perdida nas montanhas, a Europa tomou conhecimento deste tesouro escondido.

Hoje, quando se está em Petra, é possível sentir todos aqueles séculos de isolamento intocado. A cidade lembra um navio dentro de uma garrafa que nos foi enviada por uma civilização sobre a qual pouco sabemos. Parte do encanto que ela exerce sobre o visitante moderno está em sua movimentação de barraquinhas de chá, sinos de camelos e pastores de cabras, enquanto crianças brincam entre os penhascos rochosos e as flores silvestres. Você pode subir até o "Lugar Alto de Sacrifício" e fazer um piquenique perto de onde beduínos costumavam acampar em tendas feitas de couro de cabra. À noite, à luz de pequenas lanternas acesas diante da Tesouraria, o local é ocasionalmente aberto para apresentações de música árabe.

Mas a força de Petra – aquilo que eleva o espírito e expande os sentidos – está na sensação que o visitante tem de estar penetrando na ponta dos pés em uma maravilha ainda não descoberta. Aconteceu de eu visitar Petra ao amanhecer do primeiro dia do novo milênio. Caminhei por cerca de 20 minutos pelos desfiladeiros escuros e então saí e vi uma única outra pessoa – um solitário turista japonês – na grande área aberta. Algum tempo depois, em 2003, todo um novo complexo foi descoberto sob a Tesouraria, como que para nos lembrar que Petra ainda guarda mais segredos que aqueles que já nos revelou. Ao que tudo indica, 95% da cidade antiga ainda aguarda ser descoberta – todo um mundo que estamos apenas começando a vislumbrar.

DIREITA: O "Túmulo da Urna", erguido no alto de uma encosta de montanha, ao qual se chega por vários lances de escadas

Mashad, Irã

SANTUÁRIO DO IMÃ REZA

Como uma joia opulenta, o Santuário do Imã Reza fica no coração de Haram-e-Razavi, uma rede de recintos islâmicos sagrados em Mashad. Domos azuis reluzentes, minaretes dourados e fontes em pátios recriam o jardim do Paraíso. Quando o sol se põe e as sombras se encompridam, o *adhan* – chamado muçulmano à oração – enche o ar da noite, proclamando a grandeza de Deus. Uma multidão respeitosa se encaminha para as orações. Algumas mulheres param para cobrir a cabeça com véus de desenhos delicados antes de entrar.

Para os muçulmanos xiitas, os primeiros doze imãs foram infalíveis – seres humanos perfeitos que ofereceram um exemplo espiritual a ser seguido por outros. O imã Reza era visto como homem de erudição incomum e integridade admirável. Depois de ser eleito califa, foi envenenado por um concorrente invejoso no ano 818. O local de seu túmulo vem sendo um destino sagrado de peregrinação há mais de mil anos.

Sete pátios são ligados às áreas internas da mesquita por espaços externos descritos como *bast*, ou "santuários". Estes levam a 21 salões internos que cercam a sala do túmulo. Pequenos azulejos vitrificados em tons de ouro e prata decoram as salas, captando a luz dos candelabros ao alto e refletindo-a em uma centena de direções.

Quando se aproximam do centro do santuário, os desenhos geométricos das paredes vão se tornando mais complexos.

Os azulejos formam mosaicos que revelam desenhos dentro de desenhos, culminando no esplendor da câmara central, com suas filigranas de ouro, gregas e mármore fino. A parte externa do domo que recobre o túmulo é revestida de camadas de ouro. Sob o domo, fica o *zarih*, espécie de gaiola com gelosias que recobre o túmulo do imã Reza. Alcançar o *zarih* é o ápice desta peregrinação islâmica, e os fiéis o cercam, tocando e beijando a proteção que cobre o túmulo, para demonstrar seu respeito pelo oitavo dos doze imãs do islamismo xiita.

ABAIXO: Construído originalmente no século IX e reconstruído várias vezes desde então, o Santuário do Imã Reza abriga os restos mortais do oitavo imã do islamismo xiita. Cerca de 20 milhões de peregrinos visitam o santuário todos os anos

ESQUERDA, ABAIXO: Domos e minaretes do santuário. O domo dourado cobre o mausoléu do imã Reza, contendo o *zarih* dourado que encobre seu túmulo

Makadikadi, Botsuana

PLANÍCIE SALINA DE MAKADIKADI

POR ALEXANDER McCALL SMITH

Planície intocada de um vazio precioso

A maioria dos locais que consideramos ser espirituais está associada de alguma maneira a nós mesmos, a pessoas, ao que fizemos. A famosa Árvore de Bodhi, em Bodh Gaya *(pp. 172-3)*, é importante para os budistas não por ser uma árvore, mas por ser a árvore sob a qual Buda recebeu a iluminação. Alguns lugares podem ter significado para cristãos porque neles santos tiveram visões, fizeram grandes obras ou porque alguma relíquia do santo está preservada nesse local. Tudo isso é compreensível – a espiritualidade diz respeito ao espírito humano, e elementos físicos que nos recordem o que esse espírito realizou ou sofreu no passado às vezes são importantes marcos.

Mas o que dizer de lugares onde não existe ninguém – ou há muito poucas pessoas –, aos quais, ainda assim, reagimos de maneira espiritual à beleza natural não mediada? Existem lugares assim, e creio que nossa reação a eles pode ser profundamente espiritual. Embora esses destinos não evoquem o homem, podem nos levar a um sentimento de engajamento espiritual com a própria terra, nosso lar, o chão sobre o qual acabaremos deitados.

Em todos os países há pelo menos algum lugarzinho onde não são vistas obras humanas e onde é possível olhar para um mundo que não guarda relação com o homem e sua presença, em geral corruptora. Em Botsuana existem muitas paisagens intocadas, onde há muito poucas pessoas ou nenhuma. O Kalahari central, por exemplo, é uma delas – um vasto semideserto cujos únicos habitantes são pequenos bandos de san, ou boxímanes, povo hábil que ainda preserva seus conhecimentos de caça e coleta. Em Makadikadi, planície que se estende por centenas de quilômetros quadrados, parece não haver nada exceto o céu e a terra salgada branca, com palmeiras e savana rala em suas margens.

Por que postar-se sob esse céu é uma experiência tão espiritual? O vazio. Muitas tradições espirituais falam de cultivar o vazio ou libertar a alma das distrações e complicações agregadas da vida. Esvazie-se. Deixe de lado seu eu e as preocupações dele. É difícil fazer isso quando vemos atividade humana frenética em toda parte à nossa volta. Mas aqui, nestes lugares vazios da África, estamos sozinhos no mundo como ele foi criado, antes de o cobrirmos de máquinas e concreto.

E à noite, na ausência da luz gerada por atividades humanas, o céu daqui pode ser quase branco, com constelações e mais constelações de estrelas. Sempre procuro o Cruzeiro do Sul, pendurado em posição baixa no céu; para além da terra vazia, os vazios mares do sul; quão pequeno sou eu, quão pequenos somos todos nós; quão minúsculas são nossas preocupações e nossas dores, quão imenso e maravilhoso é o mundo.

ESQUERDA E PÁGINAS SEGUINTES: A vasta e despovoada extensão das planícies salinas de Makadikadi. Esta terra recoberta de uma crosta de areia foi o que restou depois da evaporação dos lagos que aqui existiram

Marrakech, Marrocos

MADRAÇAL DE BEN YOUSSEF

Fundada no século XIV, a madraçal, ou escola religiosa islâmica, de Ben Youssef foi reformada na década de 1560 pelos sultões da dinastia Saadi. O resultado foi a maior madraçal (ou *medersa*, no árabe marroquino) a oeste do Egito. É também uma das mais belas, reconstruída no apogeu da arquitetura marroquina.

Seu centro é ocupado por um grande pátio com arcadas, cuja serenidade é intensificada pelas águas de uma piscina para abluções rituais. Neste ambiente silencioso, até os anos 1960, teólogos eruditos (xeques) lecionavam teologia islâmica e o Alcorão. Ao lado do pátio ficam o salão em que os estudantes oravam e as celas que habitavam. É um ambiente pacífico, um lugar de oração e contemplação em meio à agitação da cidade, que pode ser vislumbrada de algumas das celas.

Por toda a madraçal, ornamentações detalhadas que cobrem paredes, portas, arcos e pilares proclamam a infinita glória, sabedoria e misericórdia de Alá, em motivos geométricos e florais, ao lado de trechos do Alcorão transcritos em caligrafia estilizada. O principal destes é a frase conhecida como a *Bismallah*: "Em nome de Deus, o Misericordioso, o Compassivo". Os mosaicos de azulejos (*zellij*) em volta da parte inferior do pátio central exibem todos esses elementos em uma rica paleta de tons de verde, azul e ocre.

Entre os motivos se destaca a estrela de oito pontas; o número oito está presente também no domo octogonal do salão de preces. O oito possui significado celestial no islã: existem oito regiões do Paraíso, e oito anjos seguram o trono de Alá no Dia do Julgamento. Como a própria madraçal, esses motivos atendem a duas finalidades simples, mas elevadas: a glorificação de Deus e o enriquecimento espiritual daqueles que os contemplam.

Esfahan, Irã

MESQUITA DO XEQUE LOTFOLLAH

A Mesquita do Xeque Lotfollah (construída no início do século XVII) situa-se no flanco leste de um dos espaços urbanos mais perfeitamente proporcionais do mundo: a antiga praça Naqsh-e-Jahan (hoje praça Imã Khomeini), em Esfahan, um retângulo cercado de arcadas elegantes das quais, em pontos diversos, erguem-se algumas das construções mais gloriosas do Irã. Contrastando com os domos azul-turquesa das mesquitas vizinhas, a do xeque Lotfollah expõe ao sol uma cúpula imensa, lisa, radiante, feita de azulejos rosados. Ao nível do chão, seus portais de azulejos de faiança são recobertos de um trabalho intrincado de estalactites em azul, amarelo e branco. Mas é em seu interior que se encontram as verdadeiras maravilhas.

À diferença de outras mesquitas, a do xeque Lotfollah não possui pátio de entrada nem minaretes dos quais o muezim possa convocar os fiéis. A razão disso é que este era um local de oração particular, erguido especialmente para o homem que deu nome à mesquita: um grande estudioso islâmico libanês (e genro do rei safávida Shah Abbas).

O corredor mal iluminado pelo qual o visitante passa ao chegar não faz jus à grandiosidade do salão de oração interior. As paredes de cerâmica não são apenas cobertas de caligrafia, mas parecem estar vivas graças a ela, com a escrita arábica entrelaçada, arabescos e complexos desenhos florais. À primeira vista, o efeito do mosaico no domo lembra um enorme fogo de artifício que explode ao alto. Quando seus olhos se ajustam à luz, a imagem se revela como a de uma cauda gigante de pavão, com a beleza de sua plumagem intensificada pela luz do sol que jorra pelas janelas. Para um mortal preso à terra, este é um vislumbre do divino.

Nova Déli, Índia

JAMA MASJID

POR MARK TULLY

Mil cabeças abaixadas em oração a um Deus onipotente

ACIMA E PÁGINAS SEGUINTES: Multidões de devotos se reúnem para orar diante da Jama Masjid na celebração religiosa de Eid al-Fitr, que assinala o fim do Ramadã

DIREITA: Orações matinais no salão de preces da mesquita

Ao construir a Jama Masjid (ou "mesquita da sexta-feira") de Nova Déli sobre um monte de 10m de altura, o imperador mogul do século XVII Shah Jahan teve a clara intenção de que ela dominasse a capital que ele construíra. A mesquita ainda é uma presença imponente na área da capital indiana hoje comumente conhecida como velha Nova Déli. Os altos minaretes estriados, os domos de mármore branco do salão de preces e o imenso pátio onde os fiéis se reúnem aos milhares para orar, tudo isso simbolizava as bases espirituais do reinado mogul, enquanto o poder temporal do imperador era representado pelo grande Forte Vermelho erguido nas proximidades.

Toda sexta-feira, milhares de homens e meninos muçulmanos usando gorros brancos de oração sobem os degraus da mesquita e, passando pelos portões, chegam ao pátio. Apesar de ser vasto, o pátio não consegue conter todos os que vêm fazer suas preces em dias de festas religiosas importantes, como a Eid al-Fitr, então a congregação se derrama pelas ruas estreitas que cercam a mesquita. As palavras do sermão proferidas no mimbar, ou púlpito, esculpido em um bloco sólido de mármore, são difundidas por alto-falantes e podem ser ouvidas até longe dos confins da mesquita.

Para mim, a visão de milhares de muçulmanos fazendo suas orações de Eid na Jama Masjid de Nova Déli simboliza o compromisso da Índia em defender a liberdade de seus cidadãos de praticar sua fé, seja ela qual for, e realizar seus cultos abertamente. Esse compromisso se baseia em uma tradição milenar que aceita que existem muitos caminhos para se chegar a Deus – há, portanto, muitas maneiras de adorá-lo. Foi essa tradição que permitiu que quase todas as grandes religiões do mundo deitassem raízes na Índia. Ao longo dos séculos, desenvolveram-se tantas denominações hindus diferentes que muitos se indagam se é possível considerar o

hinduísmo uma só religião. Os cristãos acreditam que sua fé chegou à Índia por São Tomé, o apóstolo incrédulo. Os muçulmanos sabem que foram comerciantes árabes os primeiros a levar sua religião ao país, nos primórdios do islã.

Quando observo os fiéis na Jama Masjid, alinhados em fileiras tão ordenadas como as de uma parada militar, milhares de cabeças rentes ao chão como se fossem uma só, reconhecendo a onipotência de Deus, me conscientizo do poder que possui o ritual de transmitir essa onipotência. Para mim, é o Deus Todo-Poderoso, o Deus envolto em mistério, o Deus que está além da razão que está sendo adorado.

As preces são feitas em árabe, língua universal do islã. Todos os dias, milhões e milhões de muçulmanos em todo o mundo oram na mesma língua, e, onde quer que estejam, todos se voltam em direção à cidade santa de Meca, o berço de sua fé. Assim, para mim, os fiéis na Jama Masjid reconhecem um deus universal, e não pessoal; um deus pelo qual devemos sentir profundo respeito e temor, não um deus que é nosso amigo. Contrastando com o individualismo de hoje, que dá tanta ênfase à espiritualidade e à experiência pessoal em relação a Deus, os muçulmanos que rezam na Jama Masjid são membros da comunidade islâmica mundial. Creio que a espiritualidade possa talvez deixar Deus pequeno demais. O mistério da fé está no fato de que ele é tão pequeno que presta atenção a cada um de nós, mas tão vasto que seu poder e sua presença são universais. Quando cada indivíduo faz suas orações pessoais na Jama Masjid de Nova Déli, ele ao mesmo tempo ganha consciência da grandeza de Deus.

Paro, Butão

MOSTEIRO DE TAKTSANG

ACIMA: Buda pintado no Mosteiro de Taktsang

ESQUERDA: As construções do mosteiro se agarram à face do penhasco que se ergue sobre o vale de Paro. Elas foram erguidas no local onde, no século VIII, o guru Rinpoche teria passado três meses meditando

Conhecido como a "Toca do Tigre" do Butão, o Mosteiro de Taktsang situa-se quase 3 mil m acima do nível do mar, na beirada de um precipício nos contrafortes do Himalaia. Paredes simples, pintadas de branco, sustentam os telhados planos tradicionais e as janelas delicadamente entalhadas deste mosteiro budista do século XVI, erguido no local em que se acredita que o budismo tenha surgido no Butão.

De acordo com a lenda, no século VIII, o guru Rinpoche, ou Padmasambhava, considerado o segundo Buda e tido como responsável por difundir o budismo no Butão e no Tibete, aterrissou aqui, vindo nas costas de uma tigresa voadora. O guru passou três meses meditando em uma caverna. Acreditava-se que ele possuía poderes milagrosos, e a tigresa era, na verdade, sua consorte, Yeshe Tsogyal, que ele transformara. Em 1692, quase mil anos mais tarde, um mosteiro foi erguido neste local para celebrar a visita dele.

Situado no alto de uma trilha solitária nas montanhas, Taktsang só pode ser alcançado após um trajeto de duas horas de caminhada ou em lombo de burro. O mosteiro frequentemente é envolto em neblina, e o peregrino não pode nem sequer ter um vislumbre de seu destino até percorrer a última curva da trilha, que ascende entre curvas sinuosas. O caminho atravessa o vale, subindo por uma série de escadas rudimentares cortadas na pedra e, por fim, atravessando uma ponte em frente a uma cachoeira, antes de fazer a última subida íngreme. Fileiras multicoloridas de bandeirolas se estendem pelas faces do penhasco, e um som de sino ecoa pelo vale silencioso. Os monges podem dar a bênção ao viajante antes da descida de volta, em meio à neblina.

Depois de construído, Taktsang passou mais de 300 anos em sua paisagem tranquila de nuvens sem sofrer qualquer modificação. Mas em 1998 o mosteiro foi quase inteiramente destruído por um incêndio. Foram necessários quase sete anos para reconstruir a estrutura, tomando como base fotos e desenhos antigos, e a nova construção, paga pelo governo do Butão, é um triunfo de restauração meticulosa.

Província de Ayutthaya, Tailândia

AYUTTHAYA

Ayutthaya foi capital do reino tailandês entre 1351 e sua destruição, em 1767, durante uma sequência de guerras com os birmaneses. Foi fundada pelo rei Ramathibodi I (1314-69) e ganhou o nome da cidade indiana antiga de Ayodhya, local de nascimento do deus hindu Rama, de quem se acreditava que o rei fosse uma reencarnação. Ayutthaya tornou-se a sede real numa época em que os monarcas tailandeses estavam estabelecendo o budismo como religião nacional. O que pode ser visto no local hoje são restos de uma cidade budista.

Quando você caminha pelo vasto sítio de Ayutthaya – que em sua época áurea, no século XVII, tinha 1 milhão de habitantes –, sinistras marcas negras de queimadura recordam o incêndio terrível que devorou a cidade durante o saque de 1767. Os palácios reais, casas ou outras construções de madeira não sobreviveram, mas muitos templos e mosteiros de pedra conservam sua grandeza – os relevos e suas estátuas budistas danificados servem de testemunho da beleza da cidade em seu auge. É possível ter uma impressão das construções de madei-

ra da cidade graças às balaustradas de pedra entalhadas com delicadeza para imitar madeira torneada. Os fascinantes fragmentos de frisos de tijolo com estuque revelam influências dos khmers, mas estilos autênticos tailandeses se desenvolveram aqui também, com muitas torres budistas de relicários, ou estupas (*chedi*), exibindo o perfil típico tailandês de sino ou broto de lótus.

Um dos mais espantosos complexos sagrados de Ayutthaya é o templo de Wat Chai Wattanaram, fundado em 1629 pelo

ESQUERDA, ABAIXO: O complexo Wat Chai Wattanaram, em Ayutthaya, erguido pelo rei Prasat Tong no século XVII. O nome significa "templo de reino longo e era gloriosa"

ABAIXO: Uma estátua de Buda meditando na parte de fora do complexo do templo

rei tirano Prasat Tong em homenagem a sua mãe e também para servir de declaração de poder. O complexo é uma imitação estilizada do Universo, com uma alta torre central (*prang*) no estilo khmer, com formato de espiga de milho, representando o místico monte Meru, o centro do cosmos *(p. 165)*. *Prangs* menores nos cantos do templo se elevam sobre capelas nas quais serenos Budas meditam sentados, formando um contraste marcante e pungente com o espaço que os cerca, enegrecido pelo fogo.

ACIMA: Uma cabeça de Buda emerge das raízes de uma árvore *bodhi* em Wat Phra Mahathat, um dos templos mais antigos de Ayutthaya

ESQUERDA: Um monge reza ao lado do Buda Gigante Reclinado, principal santuário de Wat Lokaya Sutha

Rajastão, Índia

TEMPLO RANAKPUR

O belo templo jainista de Ranakpur, do século V, situa-se na cordilheira Aravali, entre Udaipur e Jodhpur. Construído de mármore branco e cercado por floresta cerrada, o prédio contempla a paisagem em volta em cada uma das direções cardinais desde suas *chaumukha*, ou "quatro faces". Grandes lajes de pedra, com resistência digna de uma fortaleza, erguem-se do chão para apoiar a parte principal da complexa fachada do templo, que é um edifício grandioso com cúpulas, domos e torretas de macio mármore acinzentado.

No interior do templo, 1.444 pilares recobertos de entalhes complexos sustentam o telhado; cada um deles tem desenhos diferentes e singulares. A luz suave é filtrada pelo mármore e vai mudando de cor, do cinza para o dourado, à medida que o sol se desloca pelo céu. Apenas o vermelho e o alaranjado das vestes conferem toques de cor ao ambiente, conforme os monges e os peregrinos andam entre os pilares.

No século V, Dharna Sah, ministro do maharana de Mewar, teve uma visão que o orientou a erguer um templo magnífico em homenagem a Adinath, também conhecido como Rishabhadeva – o primeiro *Tirthankara* (ser iluminado) e fundador do jainismo. Dharna Sah procurou o monarca local, Rana Kumbha, e pediu um lugar para construir o templo. O rei concedeu o que foi pedido, e o templo foi nomeado "Ranakpur" em gratidão por sua generosidade.

O resultado foi uma das construções religiosas mais harmoniosas da Índia. Ainda hoje o templo é usado e visitantes são bem-vindos. Contudo, em obediência ao princípio jainista da ainsa (não violência), pede-se a eles que não tragam nada feito de couro para dentro do templo, inclusive calçados. Ao caminhar por Ranakpur, chamam a atenção o trabalho artesanal feito com amor por tantos indivíduos e a atmosfera de devoção, completamente cativante.

DIREITA: Alguns dos pilares de mármore do Templo Ranakpur, cada um com entalhes singulares. O templo foi construído no século V pelo empresário Dharna Sah, depois de uma visão divina

Kyoto, Japão

JARDIM DE PEDRAS DE RYOAN-JI

POR PICO IYER

Um enigma de pedras e areia

As quinze pedras dispostas em um oceano compacto de areia revolvida com ancinho representam as ilhas do Japão flutuando no oceano do tempo. Não; ilustram uma tigresa atravessando um rio com seus filhotes. Longe disso; mostram picos montanhosos que se elevam sobre as nuvens. É da natureza dos lugares espirituais formular perguntas, mais que fornecer respostas: eles nos oferecem um espelho, e nós, com frequência, enxergamos neles nada mais que um reflexo de quem somos. Muito do fascínio exercido pelo mais famoso jardim de pedras do mundo, em Ryoan-ji, está no fato de que não é possível enxergar todas as quinze pedras de nenhum ponto. Parte da verdade, ou do mistério, permanece inalcançável.

Quando você visita Kyoto, capital do Japão por mais de mil anos (794-1868), descobre que há mais de 1.600 templos, 400 santuários e três mansões imperiais nas colinas que cercam três lados da cidade ou escondidos entre as vielas estreitas e casas de madeira que ainda persistem na região central. Há dezessete sítios que são Patrimônio Mundial, além de jardins de pedra, jardins de palácios, até mesmo um jardim de musgo, com 130 tipos dessa vegetação. Pavilhões dourados erguem-se sobre lagoas, os pisos de um castelo antigo imitam o som de um rouxinol, templos zen, santuários e túmulos xintoístas e pequenos talismãs folclóricos se espalham pela estreita ruela secundária, convertendo a cidade inteira em um santuário de japonismo.

Para a maioria dos visitantes, porém, o centro de todos esses tesouros meditativos está a noroeste, no arranjo simples e abstrato de quinze grandes pedras em Ryoan-ji (o nome significa "templo do dragão pacífico"). As pedras foram colocadas ali no final do século XV, possivelmente pelo grande artista de influência zen Soami, e são vistas como o ápice da *karesansui*, ou escola de design de jardins "paisagem seca". Pertencente à escola Rinzai, o templo zen foi no passado propriedade da família governante Fujiwara; ele contém sete túmulos imperiais e uma pequena bacia de pedra cuja inscrição diz "o que você possui é tudo de que necessita". Você se senta em uma comprida varanda elevada de madeira diante da residência do abade e olha para o cascalho à frente – não há água nem árvores, nada exceto musgo cobrindo as rochas dispostas sobre o cascalho varrido, com área de 23m por 9m – e começa a enxergar o que não está ali, assim como o que de fato está.

Em minha visita mais recente a Ryoan-ji – vivo em Kyoto há mais de vinte anos –, notei, pela primeira vez, que há lindos parques e jardins em volta do templo, folhas em tons brilhantes de vermelho, amarelo e ouro sob o céu azul de novembro. Há uma casa de chá, um lago, uma inscrição sobre o portão que diz "Jardim de Nuvens", e, atrás das paredes que cercam três lados do jardim revolvido, é possível ver cerejeiras, cedros e pinheiros.

Mas minha mente e meus pés não se cansam de voltar para este arranjo irregular de pedras cinzentas, posicionadas como um bilhete secreto. Talvez elas representem o caractere para "coração" ou "mente". Talvez simbolizem o que a mente – ou o coração – faz com aquilo que não consegue compreender. Ou, quem sabe, sejam algo que está ali para recordar a você que o que você possui, na verdade, é tudo de que você necessita.

ESQUERDA, ACIMA: Jardins e caminho de pedras na entrada de Ryoan-ji

ESQUERDA E PÁGINAS SEGUINTES: O jardim de pedras de Ryoan-ji foi criado no século XV. Quinze pedras grandes estão dispostas em um retângulo de cascalho revolvido diariamente em volta delas

Adam's Peak, Sri Lanka

PEGADA SAGRADA

Adam's Peak (Pico de Adão) ergue-se majestoso de um anel circundante de floresta no planalto central do Sri Lanka. Sua parte superior, de pedra nua, forma uma pirâmide natural que assombra ainda mais diante da ausência de montanhas comparáveis nas proximidades. Mesmo de longe, é fácil para qualquer um dos milhares de peregrinos que procuram este lugar sentir a presença numinosa que há muito tempo faz deste o local mais sagrado da ilha.

A relíquia que concentra atenções é uma marca presente em um rochedo na cúpula achatada da montanha. Com 1,6m por 0,75m, a marca é tida como sagrada pelos seguidores de todas as religiões mais importantes da região. Para os budistas, que formam a maioria em Sri Lanka, esta seria a pegada do próprio Buda; os tâmeis, hinduístas, acreditam que ela foi deixada pelo deus Shiva; os cristãos a associam a São Tomé; e os muçulmanos, a Adão, o primeiro homem. Hoje a pegada fica dentro de um pequeno santuário.

A pegada pode ter ajudado a consolidar a reputação de local sagrado do pico, mas, para muitos visitantes, a verdadeira atração é a própria montanha. As pessoas percorrem a trilha de 3km até o pico durante a madrugada, orientando-se por luzes elétricas instaladas após a Segunda Guerra Mundial. No alto do monte, elas aguardam o amanhecer, esperando o momento de vislumbrar o sol surgindo no horizonte e então contemplar o espetáculo da primeira luz do dia espalhando-se pelo céu oriental. Depois, andam para o outro lado do pico a fim de admirar outra maravilha: a extraordinária sombra triangular que o pico lança sobre os montes enevoados a oeste, tão geometricamente regular como se tivesse sido desenhada pela mão de um matemático divino.

DIREITA: O pico de Adão com o lago Maskeliya em primeiro plano. Milhares de peregrinos escalam esta montanha todos os anos para assistir ao nascer do sol e ver a Pegada Sagrada, que budistas, hinduístas, cristãos e muçulmanos acreditam ter sido deixada respectivamente por Buda, Shiva, São Tomé e Adão

Yangun, Mianmar

PAGODE SHWEDAGON

Shwedagon é como uma nave espacial dourada que se ergue sobre os parques internos de Yangun, a principal cidade de Mianmar. Peregrinos sobem até o pagode por íngremes escadarias de pedra, ladeadas na entrada pelas figuras de dois gigantescos *chinthe*, ou leões míticos. O caminho até o alto é coberto de sombra e repleto de ambulantes que vendem bastões de incenso, bandeirolas de prece e estatuetas de Buda.

Chegando ao topo, o visitante é cegado pelo brilho ofuscante da luz do sol refletida na estupa de 100m de altura, folheada a ouro em sua parte inferior e com suas partes superiores recobertas de 13.153 placas de ouro sólido. Um diamante de 276 quilates brilha no ponto mais alto do pagode.

A razão de o pagode ser tão venerado é a presença de relíquias budistas. Embora a estrutura atual tenha sido erguida apenas em 1769, depois de um terremoto, reza a lenda que a estupa original foi construída 2.500 anos atrás, por dois irmãos mercadores. Tendo recebido do próprio Buda oito de seus fios de cabelo, os irmãos foram instruídos a construir um santuário para guardá-los. Dizem que, quando eles depuseram os fios de cabelo, pedras preciosas choveram do céu e as árvores do Himalaia deram frutos fora de época.

Hoje, assim como há séculos, fiéis descalços percorrem em sentido horário os terraços de mármore, quentíssimos sob o sol, passando por florestas de pagodes menores e fazendo uma pausa para uma leitura astrológica no planetário que corresponde ao dia de seu nascimento. A cena é acompanhada da toada incessante de sinos de oração, desde sons tilintantes até trovejantes. Os sinos só silenciam durante a noite.

Sentado, orgulhoso, sobre seu trono no alto de uma colina, o pagode Shwedagon permanece não apenas como símbolo espiritual duradouro, mas também como poderoso ponto de concentração política para o povo birmanês.

Montes Gangdisê, Tibete

MONTE KAILASH

Este gigante piramidal no Himalaia, que se eleva a 6.638 m de altitude, é reverenciado pelos fiéis de quatro religiões distintas: budistas, hindus, jainistas e seguidores da religião nativa do Tibete, o bön. Situado no extremo sudoeste do país, perto da fronteira com a Índia, suas encostas são território proibido para alpinistas, e hoje os montanhistas consideram-no o mais importante pico não escalado do mundo.

Os vínculos religiosos com a montanha são muitos e variados. Os hindus acreditam que uma versão mitológica da montanha, o monte Meru, é o centro espiritual do Universo, e que o deus Shiva e sua consorte, Parvati, sentam-se em meditação sobre seu cume. Os tibetanos a associam ao guru Rinpoche, que ajudou a firmar o budismo como religião principal da nação, no século VIII *(p. 151)*. De acordo com a lenda da tradição bön, o monte foi palco de uma famosa disputa espiritual entre o líder bön Naro Bon-chong e o homem santo budista Milarepa. Para os jainistas, o fundador de sua religião, Rishabhadeva, alcançou o nirvana sobre as encostas do Kailash.

Fiéis das quatro religiões continuam a peregrinar até o sopé da montanha, seguindo por uma trilha de 50km que descreve a volta de sua base (escalar as encostas, propriamente ditas, é visto como um ato de impiedade que pode resultar em carma negativo ou até mesmo a morte). Hinduístas e budistas percorrem o caminho em sentido horário, enquanto os seguidores das fés bön e jainista andam na direção contrária. Alguns peregrinos optam por prostrar-se ao longo do trajeto, avançando em "passos" do comprimento de seu corpo – uma provação que leva pelo menos quatro semanas para ser concluída.

Hatsukaichi, Japão

ILHA DE MIYAJIMA

POR ANDREW MOTION

Mensagem complexa à alma

A dez minutos do porto de Hiroshima, olhando do ferryboat para o domo em forma de crânio que recorda o epicentro da explosão e, depois, avançando em direção à luz do sol, observo a ilha de Itsukushima surgindo como pano de fundo de uma xilogravura, depois tomando forma e tornando-se o quadro inteiro. Ilha de Miyajima, para dar a ela seu nome popular. A ilha do santuário – montanhosa (com uma espessa peliça de floresta), minúscula (31km^2) e pouco povoada (2 mil pessoas, sem contar os turistas). O ferryboat descreve sua trajetória ao lado do cais e então a completa com um floreio. Cheguei a um mundo paralelo, um mundo que muda com cada recém-chegado que percorre as vielas em busca de suvenires, mas que permanece como era no início, com árvores e plantas propositalmente não cuidadas, o santuário adorado, mas imperturbável.

ACIMA: Sacerdotes caminham por uma das passarelas no complexo de templos do Santuário de Itsukushima

ESQUERDA, ACIMA: Olhando por cima dos pagodes da ilha de Miyajima em direção ao célebre portão *torii* e, mais ao fundo, para o mar

ESQUERDA: Ponte para pedestres cercada por bordos japoneses outonais no Parque Momijidani, em Miyajima

Este santuário foi erguido originalmente no tempo da imperatriz Suiko e depois recebeu sua forma atual pelas mãos do guerreiro-cortesão Taira no Kiyomori; em 1555, outra construção grande, o Senjo-kaku, foi erguida sobre uma colina, dominando tudo. Quando me abaixo no labirinto pintado de laranja do complexo-templo, me concentro com a atenção focalizada pelos espíritos da engenhosidade e naturalidade. Não há metal, nem mesmo pregos, e o chão de tábuas de madeira é liso graças ao pisar de gerações. Nos elaborados e escuros altares-cavernas, mensagens manuscritas estremecem na brisa do mar. Ao final de tudo, também concentrada pelos tetos baixos e os ângulos apertados, abre-se uma vista em direção à página prateada do oceano, interrompida pelo fascinante *torii*.

O *torii* é o portão de entrada, e eu deveria ter ido lá primeiro. Mas estou indo em sentido contrário de propósito, não por acaso. Quando emerjo das passarelas do templo, a maré virou, o oceano recuou, e agora o chão de pedrinhas murmurantes

me permite caminhar até lá e posicionar-me sob um monumento de boas-vindas extraordinário. Altura igual a dez vezes a minha. Sensação de familiaridade profunda, mas também estranha. Um sinal do céu deixado aqui para a perplexidade humana. Uma sucessão rápida de pinceladas fazendo um acréscimo místico ao alfabeto. Pintado de laranja, como o resto do local, com a pincelada côncava do telhado apoiada sobre dois troncos de árvore colossais e antigos. Eu os percorro cuidadosamente com os olhos e, depois, com as mãos. Remendados com partes de outras árvores, mais jovens, eles criam um início magnífico – um portal de entrada para a ilha e o eu. E, pelo fato de o *torii* transmitir uma mensagem tão complexa ao espírito, ele também atua como animador ponto de partida. Um espaço alto e vazio pelo qual passo assombrado, maravilhado com o senso de mistério que encerra e também com as evidências de humanidade comum: as lembranças que visitantes anteriores apertaram dentro da madeira antiga, às quais eu agora acrescento a minha. Busco fundo em meu bolso e encontro uma moeda que de repente é convertida em uma prece para eu deixar aqui, além de tornar-se um desejo para conservar comigo.

ACIMA E ESQUERDA: O portão *torii*, que marca a entrada do Santuário de Itsukushima. Na maré alta a estrutura fica imersa na água e parece boiar; na maré baixa, os visitantes podem caminhar por baixo dela

Maharashtra, Índia

CAVERNAS DE ELLORA

Esculpidas entre 600 e 1000 nos penhascos de basalto a cerca de 30km da cidade de Aurangabad, no oeste da Índia, as 34 cavernas de Ellora se estendem por mais de 1,5km. São um monumento duradouro ao notável espírito de tolerância entre as três grandes religiões nascidas no subcontinente: budismo, jainismo e hinduísmo.

A maioria destas "cavernas" possui várias câmaras, todas escavadas na rocha sólida. As doze cavernas budistas foram esculpidas no início do século VII e, em sua maioria, são mosteiros (*viharas*), com vários pisos de dormitórios e cozinhas, além de salas de santuário e salões de assembleia (*chaityas*). Os monges que viveram aqui no passado morreram há tempos, mas um silêncio contemplativo ainda reina nas celas e nos espaços abandonados onde eles se reuniam para meditar, lecionar e orar. O *chaitya* da Caverna 10 é um lugar de tranquilidade silenciosa, no qual um colossal Buda sentado olha para baixo desde seu trono situado sob o teto com vigas, esculpido para parecer feito de madeira. A Caverna 6 possui uma belíssima estátua de Tara, a *bodhisattva* da compaixão, cujo rosto sereno encarna a bondade sobre-humana da divindade.

Cinco cavernas jainistas apresentam escala menor, mas também aqui há entalhes e esculturas belíssimos, como a da divindade Ambika sentada sobre um leão embaixo de uma mangueira, na Caverna 34.

No coração das dezessete cavernas hindus se encontra o magnífico Templo de Kailash, na Caverna 16. Iniciado no século VIII e dedicado ao deus Shiva, este deslumbrante com-

plexo de portais monumentais, pátios e salões espaçosos, santuários intimistas e torres altas foi esculpido de um único e enorme rochedo em meio aos penhascos de basalto.

Entre as esculturas, há desde maciços elefantes isolados até belíssimos, detalhados e enérgicos frisos mostrando Shiva, sua consorte Parvati e uma multidão de outras divindades. Originalmente essas esculturas eram decoradas com cores vivas (algumas delas ainda ostentam traços da pintura), enquanto a torre principal era caiada de branco, imitando a neve sagrada do monte Kailash, lar de Shiva.

ESQUERDA, ABAIXO: O Templo de Kailash, nas cavernas de Ellora. Esculpido em um único rochedo nos penhascos de basalto de Maharashtra, este templo hindu foi desenhado como representação estilizada do pico sagrado do monte Kailash *(p. 165)*

ABAIXO: Uma das cinco cavernas jainistas delicadamente esculpidas do complexo de Ellora, que abrange também doze cavernas budistas e dezessete hinduístas

Bihar, Índia

ÁRVORE DE BODHI

Em algum momento por volta do ano 500 a.C., um príncipe indiano chamado Sidarta Gautama renunciou à vida de luxo e lançou-se em uma jornada de busca espiritual para descobrir a raiz do sofrimento humano. Com a cabeça raspada e vestido com trajes de mendigo, ele deixou seu palácio nos contrafortes do Himalaia e viveu primeiro como ermitão, depois como discípulo de um mestre brâmane. Ainda insatisfeito, Sidarta uniu-se a cinco ascetas e, durante seis anos, viveu uma vida de austeridade absoluta até que, emaciado e perto da morte, decidiu seguir um caminho mais suave. Ele teceu uma esteira de gramíneas e sentou-se para meditar na base de uma pipal, variedade de figueira, determinado a ali ficar até encontrar a compreensão que buscava. A resposta lhe chegou depois de 49 dias debaixo da árvore. A partir desse momento, ele deixou de ser conhecido como Sidarta e passou a ser Buda, o Iluminado, e a árvore sob a qual se sentou é conhecida como a Árvore de Bodhi ou Árvore da Iluminação.

A descendente da Árvore de Bodhi original ainda cresce hoje em Bodh Gaya, nos arredores de Patna, na atual província de Bihar, na Índia. Mais antiga árvore documentada do mundo, ela atrai peregrinos budistas que todos os anos vêm a este lugar a fim de orar e meditar no local da iluminação de Buda. A cidade de Bodh Gaya cresceu em volta da árvore, e entre seus templos e monumentos budistas está o célebre Templo Mahabodhi (da Grande Iluminação), de 55m de altura, erguido por volta de 500 d.C. ao lado da Árvore de Bodhi e que inspirou outros monumentos espalhados por todo o mundo budista. A árvore já foi derrubada duas vezes, em atos de vandalismo, mas, a cada vez, renasceu do toco. Muito antiga e degradada, ela finalmente caiu durante uma tempestade em 1876, mas a árvore atual foi cultivada a partir de uma de suas sementes, em um testemunho da resistência e da capacidade regeneradora dos ensinamentos de Buda.

DIREITA: Monge budista ora diante da sagrada Árvore de Bodhi, sob a qual Buda alcançou a iluminação

ABAIXO: Estátuas de Buda esculpidas na base do Templo Mahabodhi. A Árvore de Bodhi se situa em seu canto noroeste

Shanxi, China

SANTUÁRIOS NAS GRUTAS DE YUNGANG

Um trecho de penhascos escarpados de arenito ao longo do vale do rio Wuzhou, a pouca distância da cidade de Datong, abriga um dos monumentos budistas mais notáveis do mundo. Estendendo-se por mais de 800m ao longo do rio, os penhascos foram escolhidos por volta de 460 pelo imperador Wencheng, da dinastia Wei do Norte, para sediar um conjunto de mais de 250 santuários budistas belissimamente decorados em nichos. Horrorizado com as políticas antibudistas de seu predecessor, Wencheng empregou dezenas de milhares de artesãos para esculpir as grutas na rocha sólida, como um monumental ato de piedade.

Muitos dos artistas que criaram as grutas de Yungang vieram do extremo oeste da China, onde tinham participado da criação de cavernas budistas semelhantes no sítio de Mogao, na Rota da Seda, trabalhando em estilos derivados da Ásia Central e da Índia, lugar de origem do budismo. Essas influências podem ser vistas em Yungang e representam o auge da arte budista chinesa e o início de uma fase de transição para estilos mais puramente chineses. A patronagem imperial terminou em 494, quando a dinastia Wei do Norte transferiu-se para Luoyang, centenas de quilômetros ao sul, e pouco depois os artistas e escultores de Yungang partiram para trabalhar sobre um novo complexo de grutas de Longmen, perto da nova capital. A partir desse momento, Yungang foi deixada para os monges, os peregrinos e, hoje, os turistas.

As grutas esculpidas e pintadas com detalhes elaborados contêm mais de 50 mil estátuas e relevos, de colossais guardiões budistas até Budas em miniatura, sentados em nichos ornamentados com delicadeza e emoldurados por pétalas de lótus, chamas e seres espirituais. Alguns dos nichos foram entalhados para assemelhar-se às complexas fachadas de madeira, já desaparecidas, que formavam as entradas das grutas. Algumas das fachadas foram substituídas em séculos posteriores, mas a maioria das grutas hoje fica aberta, exposta à ação do vento, do sol e da chuva. A despeito disso e apesar da ameaça atual das tempestades de areia decorrentes do desflorestamento, muitas das figuras ainda conservam suas cores brilhantes e vibrantes, depois de 1.500 anos.

ESQUERDA, ACIMA: Estátuas de Buda nas grutas de Yungang, esculpidas aos milhares nos séculos V e VI como grandioso ato de piedade. Boa parte da pedra que cerca essas estátuas se desgastou, deixando-as expostas

DIREITA: Mulher sufi ora diante do muro do Dargah de Nizamuddin. Os devotos amarram pedaços de barbante vermelho a esta treliça para que o santo não se esqueça de suas orações

ABAIXO: Músicos qawwali tocam melodia devocional sufi no túmulo

Nova Déli, Índia

DARGAH DE NIZAMUDDIN

POR MARK TULLY

Símbolo sufista de fé universal

A inimizade entre crenças religiosas diferentes me parece ser contrária ao espírito delas e confere munição àqueles que difamam a religião em alta voz. É por isso que sinto tanto respeito pelo dargah (santuário) do místico do século XIII Hazrat Nizamuddin Auliya, um dos mais reverenciados santos sufis do sul da Ásia.

O sufismo é uma tradição islâmica que ensina aqueles que adotam seu caminho a perceber seu ser interior. Rumi, poeta sufi, disse que "o sufismo é o esforço do homem para reencontrar o entendimento do qual foi separado". Esse entendimento tem muito em comum com a compreensão buscada pelas tradições místicas de outras religiões. São as tradições que se concentram na vivência de Deus, ou do transcendental, mais que em enfatizar credos e códigos morais. O sufismo representa o que as religiões possuem em comum, não suas diferenças.

O santuário de Nizamuddin é um símbolo dessa unidade. Nas ruelas estreitas e apinhadas que o cercam, barracas de rua vendem comida muçulmana tradicional – espetos de carne de carneiro sobre grelhas improvisadas e montes fumegantes de biryani. Aqui também é possível encontrar todos os objetos necessários para a adoração em santuários muçulmanos: pétalas de rosas vermelhas, toucas de oração, contas e bastões de incenso. Além de muçulmanos, há hindus, siques e cristãos que vêm a este santuário.

No interior do templo, que fica dentro de um complexo murado, aqueles que vieram orar e pedir a bênção de Hazrat Nizamuddin Auliya devem primeiro render homenagem diante do túmulo de seu discípulo mais renomado, o poeta Amir Kushro. O túmulo do próprio Nizamuddin, que foi reconstruído e modificado várias vezes ao longo dos séculos, é uma estrutura de mármore coroada por um domo branco com listras de mármore negro. Ao lado do santuário há uma mesquita de arenito, do século XIII, com três domos mais achatados. Uma varanda sustentada por pilares de mármore e arcos com delicadas flores e inscrições em árabe embutidas cerca a câmara na qual fica o túmulo. As pessoas que vieram fazer um pedido específico amarram pedaços de barbante vermelho às treliças da parede da câmara, para lembrar Hazrat Nizamuddin Auliya da bênção que pediram ou da ajuda que buscam. Dentro da câmara, fiéis jogam pétalas de rosas vermelhas sobre o pano verde que recobre o túmulo, beijam as grades que o cercam e, se são muçulmanos, recitam o primeiro verso do Alcorão. Toda quinta-feira à noite, exceto durante o Ramadã, seguidores de todas as religiões – ou de nenhuma – vêm para cá para ouvir um grupo de músicos qawwali (que fazem música devocional sufi) cantar em louvor a Alá e ao santo no quadrângulo diante do túmulo. A intensidade do canto é tão avassaladora que, conta-se, a música já teria feito um dos grandes santos sufis desmaiar de êxtase quando a ouvia.

Atrás do santuário do santo do século XIII fica o de um santo sufi do século XX, o músico Inayat Khan. Este disse certa vez: "Todas as religiões ensinadas por Cristo ou por qualquer um dos grandes mestres têm a intenção de despertar no homem a consciência que é despertada quando uma religião é viva". Inayat Khan fundou o que chamou de Adoração Universal, não para criar uma nova religião, mas para unir religiões distintas. Assim, para mim, os santuários de Hazrat Nizamuddin Auliya e Inayat Khan representam uma crença que me permite continuar na tradição anglicana com a qual nasci e, ao mesmo tempo, fazer parte da fé universal que subjaz aos ensinamentos de todos aqueles que perceberam um eu interior.

Quảng Ninh, Vietnã

BAÍA DE HA LONG

De acordo com uma lenda vietnamita, as 1.600 ilhas de calcário da baía de Ha Long foram, no passado, joias cuspidas da boca de um dragão celestial na tentativa de repelir uma frota invasora. Segundo outra versão, Ha Long teria sido criada pela cauda do dragão que se debatia, escavando vales e fendas profundas no continente, que foram mais tarde preenchidos pelo mar. Para qualquer pessoa que se depare pela primeira vez com esta conjunção de água azul reluzente e verdes penhascos de calcário recobertos de vegetação, a impressão é a de que o lugar é, de fato, fruto da ação de alguma força divina.

Cada ilha ou afloramento rochoso possui formato próprio e único. Algumas se assemelham a animais: há a ilha Voi (Elefante) e a Ga Choi (Galo de briga), além de rochas do Cão, da Tartaruga e do Sapo. Algumas ilhas possuem lagos internos, e outras têm cavernas e grutas espetaculares em seu interior, como a fantástica Hang Dau Go (Caverna das Estacas de Madeira), com sua floresta de estalactites e estalagmites, muitos dos quais guardam semelhança com aves, animais e humanos. E a Trinh Nu (Caverna Virgem) teria sido a prisão solitária de uma jovem que, conta a lenda, foi entregue a um rico mercador para saldar uma dívida de seus pais. Sua recusa em ceder às investidas de seu senhor fez com que fosse encarcerada na ilhota, onde ela definhou (de saudades de seu amado, um jovem pescador) e acabou sendo transformada em pedra.

Dizem que o dragão vive até hoje sob as águas da baía de Ha Long, e, para os moradores dos vilarejos flutuantes, muitos dos quais nunca puseram os pés na terra, cada saída para pescar começa com uma oferenda feita às divindades dos navegantes. Esta cerimônia pequena e íntima acontece sem alarde, longe dos olhos dos visitantes, em um dos muitos altares particulares escavados ao longo dos séculos na pedra que forma as ilhas.

DIREITA: Algumas das 1.600 ilhotas de calcário da baía de Ha Long, formadas ao longo de milhões de anos. Ha Long significa "dragão descendo", e várias lendas envolvendo essa criatura mítica estão associadas à criação da baía

Nova Déli, Índia

TEMPLO BAHÁ'Í LÓTUS

A religião bahá'í foi fundada no século XIX por um nobre iraniano, Bahá'u'lláh, que proclamou a unidade essencial de todas as religiões. Por isso, quando o arquiteto iraniano Fariborz Sahba, no início dos anos 1980, foi encarregado de projetar um novo templo-sede da comunidade bahá'í indiana, ele procurou criar um edifício que fosse singular e, ao mesmo tempo, familiar; moderno e que também refletisse o rico legado espiritual e cultural da Índia. A única exigência era que o novo templo tivesse nove lados, de acordo com a tradição bahá'í. Para os bahá'ís, o nove simboliza a completude, e a estrela de nove pontas é um símbolo de sua fé.

A inspiração para o novo templo acabou vindo sob a forma da flor do lótus, que simboliza a criação, a iluminação e a alma purificada. O chamado Templo do Lótus ergue-se em meio a belos jardins planejados, como uma grande flor que se abre sob o sol. Cercada por nove lagoas, a estrutura parece flutuar etereamente sobre a água.

O interior do templo é um espaço simples e tranquilo, banhado pela luz difusa do sol, filtrada através de 27 "pétalas" cobertas de mármore. Os templos bahá'í abrem os braços para pessoas de todas as religiões e também para as de nenhuma; o Templo do Lótus possui entradas em cada um de seus nove lados, simbolizando essa abertura a todas as visões de mundo. Os bahá'ís acreditam que devemos buscar a verdade e Deus por nós mesmos, e não seguir cegamente os dogmas e as tradições de outros; por essa razão, não há sacerdotes, altares, púlpitos nem imagens no templo. Tampouco há rituais ou atos de adoração. No templo, qualquer pessoa pode recitar preces ou ler trechos das escrituras, em encontros descontraídos, mas realizados com zelo. Combinação perfeita de função espiritual e design inspirativo, o Templo do Lótus não abriga rituais formais, mas é um lugar de encontro de mentes e corações abertos.

ESQUERDA: A forma marcante e serena do Templo do Lótus reflete a ênfase da religião bahá'í sobre a unidade, a aceitação e a oração pessoal

DIREITA: Uma caverna, provavelmente morada de um monge, nas ruínas do Mosteiro de Arankale, do século XII. Pouco se sabe sobre a história do mosteiro, mas os resquícios de várias estruturas, entre as quais uma piscina para banhos, um refeitório e calçadas para caminhadas, ainda são visíveis entre as árvores da floresta

ABAIXO: O *jantagara*, ou local de banhos quentes do mosteiro

Província Noroeste, Sri Lanka

MOSTEIRO NA FLORESTA DE ARANKALE

POR MICHAEL ONDAATJE

Um nível superior ao das paixões

Na entrada de Arankale, um caminho sinuoso de areia nos conduz para dentro da floresta. Um monge percorre o caminho por duas horas todas as manhãs, varrendo milhares de folhas. No final da tarde, outros milhares de folhas e pequenos galhos já terão caído sobre a trilha. Ao meio-dia, porém, a superfície dela estará tão clara e amarela quanto um rio. Andar por este caminho de areia é, em si, um ato de meditação.

A floresta é tão serena e silenciosa que você não ouve som nenhum, até que pensa em prestar atenção para ouvi-lo. Então você localiza os criadores de sons na paisagem, como se usasse um filtro, captando os cantos dos papa-figos e dos periquitos. Dizem que "aqueles que não podem amar criam lugares como este. É preciso estar em outro estágio além da paixão".

Pouco a pouco você descobre uma piscina para banhos, os resquícios de muitos sítios e então uma clareira, como o *kamatha*, o círculo para a debulha no meio de um arrozal asiático, no qual há um templo pequeno. Uma estatueta de Buda descansa sobre um beiral de pedra; uma folha cortada de bananeira-da-terra a protege do sol e da chuva. Aqui a floresta ergue-se imponente, como se você se encontrasse dentro de um profundo poço verde. A telha de zinco colocada sobre uma caverna próxima para proteger do sol e da chuva balança, fazendo um barulho próprio cada vez que o vento desce das árvores.

Os reis e os poderosos desejam aquilo que pesa sobre eles e os prende ao chão. Honra, propriedades, convicções. Mas em Arankale, nos últimos anos do século XII, o sábio Asanga e seus seguidores viveram por décadas na solidão, sem que o mundo tivesse conhecimento deles. Quando eles morreram, calaram-se os sons humanos deste mosteiro na floresta. E, naqueles anos desabitados, os caminhos se cobriram de folhas e não houve canção do varrer. Nenhum aroma de açafrão ou margosa era exalado dos banhos. Arankale talvez tenha se tornado mais belo e mais sutil sem os humanos na estrutura que eles criaram quando não mais estavam nas correntezas do amor.

Foi apenas quatro séculos mais tarde que monges começaram novamente a habitar as cavernas acima do que tinha sido antes a clareira do templo. Havia sido um longo tempo de ausência de humanos, ausência de religião. As pessoas não mais sabiam da existência do mosteiro, e o local virou um mar abandonado de floresta. O que restara dos altares de madeira foi comido por colônias de insetos. Gerações de pólen sedimentaram a piscina e então a vegetação a consumiu, tornando-a invisível a qualquer transeunte que não soubesse de sua profundidade solta, um paraíso para criaturas que corriam sobre o calor da rocha cortada e sobre plantas sem nome.

Durante 400 anos os cantos garganteados de aves não ouvidos. O zunido de alguma abelha medieval projetando-se no ar. E, no resquício do poço do século XII, o serpentear de algo prateado na água.

Coreia do Sul

ILHA DE CHEJU

Com forma oval rochosa com um vulcão no centro, a ilha de Cheju ergue-se no reluzente oceano azul-turquesa, ao sul da península coreana. No passado, seus montes marcados com crateras cuspiram rios de lava, cujos legados são alguns dos mais longos túneis subterrâneos de lava que existem no mundo.

A cultura dos habitantes da ilha é inteiramente distinta daquela da Coreia continental. O folclore local é rico, com mais de 18 mil divindades, e há templos em grande número. Entre eles, o de Samyang, decorado com cores e desenhos vibrantes, fica no topo de um monte, proporcionando uma vista deslumbrante que se estende do oceano até a cidade de Cheju. Os moradores das aldeias protegem-se do azar empilhando pedras para formar pequenas torres conhecidas como *bangsatap*. Considera-se que os *dolhareubang*, ou "avôs de pedra" *(abaixo)*, esculpidos em basalto, afastam o mal; eles se perfilam em grupos em determinados pontos por toda a ilha.

A floresta de Gotjawal, que cresce nas encostas do monte Halla, abriga uma variedade espantosa de flora e fauna locais. De fato, na mitologia chinesa Cheju é o lugar onde cresce um cogumelo que confere imortalidade.

Reza a lenda que a deusa da Criação fundou o monte Halla com a terra de sete cavadas de sua pá, e não surpreende que o povo de uma ilha ligada a essa deusa tenha tradição matriarcal. Cheju é o lar das *haenyeo*, ou "mulheres do mar", que sustentam suas famílias mergulhando em busca de abalones e madrepérola. Embora hoje seja raridade, ainda é possível ver mulheres mergulhando no oceano e então, como deusas, erguendo-se do mar com conchas iridescentes nas mãos.

Shaolin, China

FLORESTA DE PAGODES

No sopé do monte Shaosi, perto do Mosteiro Shaolin, encontra-se um monumental cemitério vivo do budismo: a maior floresta de pagodes da China.

Situada no meio das colinas florestadas da província de Henan, na planície entre os rios Amarelo e Huaihe, a "floresta" consiste em 250 torres de pedra ou tijolos, cada uma com as cinzas de um monge de alto escalão do templo vizinho. A mais antiga, rachada e pendente para um lado, data de 791, durante a dinastia Tang; outras foram acrescentadas ao longo dos séculos. Um dos pagodes mais recentes, esculpido em 2002, exibe imagens de um carro, um laptop e uma câmera de vídeo – artigos que pertenceram ao monge falecido.

Embora as estruturas aparentem ter sido erguidas ao acaso, determinados aspectos de sua forma são coordenados por regras rígidas. Cada pagode possui um número ímpar de andares (um, três, cinco ou sete); o número de níveis é proporcional às realizações do monge para o qual o pagode foi construído.

O célebre Pagode Yugong fica no centro do grupo. Seus sete níveis foram erguidos no século XIV em homenagem ao monge Fu Yu, a quem o imperador Yuan concedeu o título de duque – o único monge na história do Mosteiro Shaolin a ter sido agraciado com tal honra.

O Pagode Yugong é hexagonal; outros são quadrados, cilíndricos, cônicos ou monolíticos, dependendo da época da construção. Feitos de pedra ou tijolos, muitos têm inscrições e constituem registros do desenvolvimento do estilo artístico e do trabalho de construção durante as dinastias chinesas.

Cada um destes monumentos deve ser visto como memorial de uma alma; logo, à medida que eles se multiplicam, a floresta se torna testemunha de uma litania de vidas religiosas.

Prefeitura de Lhasa, Tibete

LHASA

POR PAUL THEROUX

Cidade de peregrinos, rodas de oração e picos nevados

Lhasa é uma cidade pequena e cordial, situada num planalto cercado por montanhas altas. Há muito pouco trânsito. Não há calçadas. Todo mundo anda na rua. Ninguém corre. Estas ruas ficam a 3.650m de altitude. Ouvem-se crianças gritando, cães latindo e sinos tocando, de modo que a cidade tem uma atmosfera tranquila. De cada rua se tem uma vista de impressionantes montanhas tibetanas.

Lhasa é um lugar sagrado; por isso, é povoada de peregrinos. Estes se reúnem e se prostram por toda parte na cidade e arrastam os pés em sentido horário em volta de cada santuário. Eles se achatam sobre as plataformas entre dois lances de escadas, diante do Jokhang e em volta do Potala. Fazem a mesma coisa nas ruas, nas margens do rio, nas encostas das montanhas. Eles rezam, se jogam ao chão, espalham minúsculas cédulas de um miao e grãos de cevada nos santuários, esvaziam latas de manteiga de iaque nas lâmpadas. Na condição de budistas tibetanos, são bem-humorados, e, porque vêm de todas as partes do Tibete, Lhasa é seu ponto de encontro; eles enriquecem a vida da cidade e lotam seus mercados. Eles vêm para cá por devoção ao dalai-lama, a encarnação do *bodhisattva* Avalokitesvara. Os peregrinos fizeram de Lhasa uma cidade de visitantes que não são exatamente estranhos, e assim até mesmo estrangeiros têm a sensação de fazer parte deste lugar. Seu caos, sua sujeira e seus sinos tilintantes criam o clima de hospitalidade.

Quando visitei o Jokhang, o lugar mais sagrado do Tibete, cheguei perto do final do Ano-Novo tibetano, uma festa de quinze dias de duração, conhecida por sua piedade e também seu clima de alegria tumultuosa. Os monges – cerca de mil deles, ou mais – tinham se reunido para entoar mantras. Eram de todas as idades – alguns não passavam de adolescentes – e havia algumas monjas no grupo, com a cabeça raspada e vestidas com os mesmos trajes que os homens, de modo que eram quase indistinguíveis destes. Assisti a tudo de uma sacada ao alto, da qual tibetanos jogavam pedaços de papel com mantras escritos para os monges abaixo, que formavam pilhas com os papéis. Peregrinos tibetanos lotavam o Jokhang, murmurando preces, prostrando-se e observando os monges com curiosidade. Seus olhos brilhavam na semiescuridão dos claustros, e essas pessoas assumiam a curiosidade bizarra dos turistas, com seus esgares e olhares fixos, como se tivessem se esquecido de orar, tão espantadas estavam com os monges entoando mantras, com os aromas e os *tankas* pendentes.

Durante todo esse tempo as rodas de oração giravam em toda parte em Lhasa. Os peregrinos andavam lentamente em sentido horário e giravam as rodas – às vezes muito rápido, porque as preces proferidas por cada roda (há um mantra dentro dela) são mais fracas que preces faladas. Algumas rodas eram do tamanho de tambores de óleo e muito difíceis

ACIMA: O Palácio Potala, antigamente residência do dalai-lama, visto desde o Templo Jokhang

ESQUERDA: Um monge toca a trombeta cerimonial (*dung*), enquanto outros entoam mantras e fazem preces no Jokhang, considerado o local mais sagrado de todos no Tibete

EXTREMA ESQUERDA: Uma fileira de rodas de oração inscritas com o mantra *Om mani padmi hum.* Girar uma roda, geralmente em sentido horário, tem mais ou menos o mesmo efeito que recitar uma prece em voz alta

de girar; outras não eram maiores que latinhas de pregos, e ouvia-se o flutuar dos mantras em suas entranhas enquanto elas giravam. Todas eram inscritas em tibetano ou sânscrito com o eficaz mantra *Om mani padmi hum* – o *om* é o elemento mais poderoso e místico do mantra, uma combinação de três sons em sânscrito que resume a natureza de trindade do universo. Essas orações são tão sagradas que mesmo escrevê-las ou entalhá-las em pedra (o *om* sagrado é visto com frequência entalhado nas encostas de penhascos) é visto como ato de piedade muito maior que erguer estátuas.

Um dos primeiros exploradores europeus a chegar ao Tibete irrompeu em lágrimas quando viu uma linda montanha coberta de neve. Isso não me pareceu uma reação estranha. A paisagem é mais que tocante, é um feitiço: a luz, o ar, o vazio, as planícies e os picos. Penhascos poeirentos e encostas íngremes cercam Lhasa, e em algumas dos dias em que estive lá eles amanheceram cobertos da neve que caíra durante a noite. A neve representa santidade e pureza para os tibetanos, cujos espíritos esvoaçantes precisam desse símbolo de pureza para provar que ainda são livres. Essas montanhas nevadas são provas da existência de Deus.

Quando deixei o Tibete, ergui meus olhos para as montanhas, apertei minhas mãos juntas e inventei uma oração desajeitada que dizia: "Por favor, me permita voltar".

ESQUERDA: Bandeirolas de prece agitadas pelo vento ao amanhecer, com o telhado do Templo Jokhang ao fundo

Angkor, Camboja

ANGKOR WAT

Em Angkor, sede do império *khmer* por mais de 600 anos, governantes budistas e hinduístas criaram monumentos extraordinários que expressavam sua crença em uma ordem cósmica divinamente ordenada para cuja manutenção eles, como *devarajas* (reis-deuses), desempenhavam papel essencial. Entre esses monumentos sagrados está Angkor Wat, o mais magnífico templo hindu fora da Índia.

Erguido por Suryavarman II (que reinou entre 1113 e 1150), Angkor Wat foi dedicado ao deus Shiva, preservador do cosmos e da ordem universal. Por essa razão, foi construído como um mapa tridimensional do cosmos. Rodeado por uma imensa lagoa de purificação que simboliza as águas primordiais que cercam o mundo, o templo ocupa uma ilha artificial representando a Terra, que na cosmologia hindu tem formato quadrado. As cinco *prangs* (torres) do templo, em estilo "espiga de milho", tipicamente *khmer*, elevam-se sobre as águas. Elas ilustram as moradas montanhosas dos deuses, e a grande torre central – que no passado só podia ser visitada por sacerdotes e reis – representa o místico monte Meru, lar de Shiva e centro do Universo *(p. 165)*. Angkor Wat é voltado para o oeste, fato incomum em um templo hindu. Isso significa, contudo, que alguém que se aproxime do templo ao amanhecer do solstício do verão verá o sol aparentemente nascendo do topo da torre central. Não deve ser coincidência que o nome do *devaraja* Suryavarman signifique "Sol protetor".

Em meio à monumentalidade do templo como um todo destacam-se as glórias em menor escala de suas esculturas, entre elas a mais longa série de relevos esculpidos do mundo. Executadas para a edificação dos fiéis, as figuras retratam deuses e outros seres em cenas vívidas da mitologia hinduísta sobre a criação do mundo.

Chega-se a Angkor Wat por uma ponte de 200m que atravessa as águas em volta do templo. Para o visitante moderno, assim como para os fiéis do passado, essa separação física do mundo cotidiano cria uma poderosa impressão de que adentrar o templo significa embarcar em uma jornada sagrada – uma peregrinação ao reino divino.

PÁGINAS ANTERIORES E EXTREMA ESQUERDA, ACIMA: O vasto complexo do Templo Angkor Wat. Baseadas na visão hinduísta antiga do cosmos, as cinco torres do templo, em formato "espiga de milho", representam as moradas montanhosas dos deuses

EXTREMA ESQUERDA, ABAIXO: Graciosas *apsaras* (dançarinas celestiais) esculpidas na parede do templo

ESQUERDA: Enormes rostos de pedra no Templo Bayon, logo ao norte de Angkor Wat. Contemplando a paisagem em todas as direções, os rostos são vistos como representações do *bodhisattva* Avalokitesvara

Himachal Pradesh, Índia

JANOG E TEMPLOS DE HIMACHAL PRADESH

Vivenciando o divino no Himalaia

POR MARK TULLY

ESQUERDA: Os degraus e a base, um alaque simples de pedra, do templo do vilarejo de Janog

EXTREMA ESQUERDA: As cadeias aparentemente intermináveis do Himalaia em Himachal Pradesh, região que possui muitos vilarejos isolados, cada um com seu templo e sua divindidade próprios

Na Índia, o estado de Himachal Pradesh, na parte ocidental da cordilheira do Himalaia, é conhecido como a Morada dos Deuses, com mais de 2 mil templos. Os santuários de pedra de Chamba e o templo conhecido como Jawalamukhi fazem parte dos roteiros turísticos. Mas quase todo povoado possui seu próprio templo pequeno, cada um com desenho singular.

Estes templos de vilarejos raramente são visitados, exceto por estudiosos de história da arte e de arquitetura, como Shabbir Khambatty e Swapnil Bhole, que concordaram em compartilhar comigo suas fotos e pesquisas. Eles me ajudaram a compreender a conexão entre a natureza e os templos de Himachal Pradesh. Feitos de madeira e pedra locais, os santuário não se destacam, mas se mesclam à paisagem que os cerca – as montanhas sagradas de Himachal Pradesh, que se estendem, serra após serra, como as ondas do mar, até chegar às montanhas mais altas de todas, os picos nevados do Himalaia. Cada templo de vilarejo possui sua própria divindidade que o preside e que está estreitamente vinculada à natureza. Essas divindidades são celebradas em festas religiosas que marcam a passagem das estações do ano e são evocadas para pedir proteção contra os terremotos, comuns nas montanhas frágeis.

Não é preciso ir para longe de Shimla, atual capital de Himachal Pradesh, para encontrar estes templos em povoados. Apenas cerca de 200 pessoas vivem em Janog, a menos de 40km de Shimla, mas elas têm seu próprio templo e sua própria divindade. Com 10m de altura, o santuário fica na extremidade do vilarejo, com vista para um vale. Sua base é um alaque de pedra sobre o qual se erguem dois cômodos simples feitos de madeira. A sala superior é o *sanctum sanctorum*, a morada da divindade. As paredes da torre são decoradas com franjas de madeira entalhadas, que se movem na brisa criando uma música suave. Infelizmente, o telhado original de ardósia do templo, que se fundia com a encosta verde-acinzentada da montanha, foi substituído por telhas de zinco. Mas o *poojari*, ou sacerdote, continua a entoar as mesmas preces e a realizar os mesmos rituais que conectam os moradores de Janog a seu deus há séculos. Por essa divindade eles expressam o respeito profundo que inspiram as montanhas. Ele é também um deus ao qual os moradores podem recorrer em busca de proteção e que é celebrado em festas religiosas plenas de alegria.

Para mim, os templos de Himachal Pradesh são símbolos, feitos de madeira e pedra, da reverência que sentimos quando estamos no Himalaia. Quando olho para aquelas cordilheiras, às vezes me sinto dominado por uma presença que só posso chamar de Deus. É uma experiência que inspira humildade, porque o deus que vivencio é infinitamente maior que eu, mas é também uma sensação reconfortante, porque me sinto em união com ele. No Himalaia, penso no poema "The Grandeur of God" ("A Grandeza de Deus"), de Gerard Hopkins. O poeta jesuíta sente-se dominado por assombro diante da criação de Deus e chocado com nossa falta de respeito por sua grandeza. Ele diz: "Tudo é chamuscado de comércio; maculado, chamuscado de labuta; e tudo veste a sujeira do homem e compartilha seu cheiro". No entanto, ele confia que, não importa o que façamos, a natureza "nunca se desvanece". Por que não? Diz o poeta: "Porque o Espírito Santo sobre o distorcido / Mundo vela com seio amoroso e ah! Com asas iluminadas".

Para os cristãos, o Espírito Santo é o guardião da natureza e o deus cuja presença sinto no Himalaia. Os que vivem nestas montanhas possuem seus próprios guardiões, seus próprios deuses abrigados em templos.

Shandong, China

MONTE TAI

Situadas ao norte, ao sul, ao leste e ao oeste das planícies do norte da China, quatro montanhas sagradas delimitam o antigo coração do Reino do Meio. Mas a tradição chinesa também reconhece uma quinta direção – o "centro" cósmico – além das usuais, de modo que não há apenas quatro picos sagrados, mas cinco. A quinta e central montanha é o monte Tai, ou *Taishan*, a Grande Montanha. Este é o monte mais sagrado da China e destino de peregrinações há 3 mil anos.

Na China as montanhas são veneradas como lugares dotados de poder especial, moradas dos Imortais Abençoados e símbolos de estabilidade, força, poder e eternidade. Enquanto os ocidentais consideram algo "firme como uma rocha", os chineses dirão que é "firme como o monte Tai". Governantes e pessoas comuns vêm há muito tempo orar neste pico. Ao longo dos séculos, cerca de 70 imperadores fizeram a peregrinação até o monte Tai, onde rezaram aos deuses, pedindo prosperidade, no templo imperial Dai Miao, em seu sopé. Hoje cercado pela cidade de Tai'an, o templo foi construído para assemelhar-se a um palácio imperial e cobre uma área de quase 28 mil m^2.

Existem muitos outros santuários ao longo das trilhas de peregrinos que serpenteiam pelas encostas da montanha, partindo de Tai'an, como o Templo da Rocha Divina, conhecido pelas muitas estátuas do Salão de Mil Budas. Bandeirolas vermelhas auspiciosas e outras pequenas oferendas também são testemunhas da santidade da montanha. Aqui são importantes não apenas os templos, santuários e placas memoriais inscritas, mas também elementos naturais como uma árvore de 2.200 anos e a Ponte dos Imortais, um conjunto de rochedos que forma uma ponte natural precária sobre um desfiladeiro.

Uma das mais longas sequências de degraus do mundo – há 7 mil deles – leva ao templo mais alto da montanha, conhecido como o Templo das Nuvens Azuis-Celestes. A vista do alto é deslumbrante. Aqui, no cume do monte Tai, é fácil imaginar, como milhares de peregrinos chineses já acreditaram, que você chegou à morada do Imperador de Jade, governante do próprio firmamento.

Pequim, China

TEMPLO DO CÉU

Posicione-se diante das construções que formam o complexo do Templo do Céu e você verá encarnado o desejo da humanidade de ordem em meio ao caos terreno. A manifestação perfeita disso é o Qinian Dian, ou Salão de Preces por Boas Colheitas (*direita*). Estrutura perfeitamente simétrica, tem telhado azul-escuro em três camadas circulares, no formato de pratos emborcados, separados por faixas de entalhes azuis-claros e dourados, sendo o todo coroado por uma esfera dourada. Sua arquitetura é infundida de simbolismo preciso. No interior, três anéis de colunas suportam o telhado azul, que representa o céu. Quatro pilares ao centro representam as quatro estações do ano; doze no anel seguinte simbolizam os doze meses do ano; e as doze colunas exteriores, as doze horas do dia. Em virtude de seu formato circular, a construção inteira simboliza o próprio céu.

Era para este lugar que o imperador da China, conhecido como Filho do Céu, vinha numa procissão solene, na véspera do solstício do inverno de cada ano para orar por boas colheitas e meditar na adjacente Abóbada Imperial do Céu, uma versão reduzida do Salão de Oração. No dia seguinte ele retornava para oferecer sacrifícios e preces no Altar Redondo elevado, um terraço de mármore de três níveis no mesmo complexo. Também aqui o simbolismo exerce papel crucial: o número de lajes do pavimento de cada círculo do terraço em três níveis do altar é um múltiplo de nove, o número imperial. A cerimônia da colheita deveria ser realizada sem nenhum erro. Segundo a tradição, o menor equívoco da parte do imperador constituiria mau agouro para a nação ao longo do ano seguinte.

Contemplando o simbolismo e a simetria captados nestas construções, você tem um vislumbre do respeito pela forma e pela tradição, algo que não era mera superstição, mas adoração ativa. Ao mesmo tempo, os sons da China secular proporcionam ao visitante moderno um contraponto mais terreno: adolescentes, às gargalhadas, fazem experiências com o muro de ecos da Abóbada Imperial do Céu, enquanto as vozes dos chineses mais velhos, entoando antigas canções do repertório comunista, chegam do parque nas redondezas do templo.

Java, Indonésia

BOROBUDUR

Construído nos séculos VIII e IX pela dinastia Sailendra, o grandioso monumento budista de Borobudur passou mais de 800 anos oculto por cinzas após a erupção do vizinho monte Merapi, em 1006. Conhecida como a "Montanha Inefável de Virtudes Acumuladas", a estrutura é uma pirâmide em degraus feita de plataformas quadradas que os fiéis percorrem em sentido horário até chegar ao topo. Ela fica em uma área sagrada da cidade de Magelang, na região central de Java, e ainda hoje é um local importantíssimo de peregrinação budista.

Elevando-se contra um pano de fundo de montanhas e selva, Borobodur é um imenso modelo tridimensional do cosmos, adornado com painéis em relevo, estátuas de Buda e estupas. Não se sabe qual era sua finalidade original: alguns veem Borobodur como templo, outros, como monumento funerário e outros, ainda, como uma enorme estupa. Seis plataformas de formato quadrado, com quatro lados voltados aos quatro pontos cardeais, servem de apoio a três níveis circulares coroados por uma grande estupa central. Visto do alto, o sítio também pode ser interpretado como uma gigantesca mandala – representação estilizada de um Universo perfeito.

Uma visita a Borobudur é uma peregrinação circular simbólica, conhecida como *pradaksina*, até a cúpula sagrada. Os peregrinos sobem pelos terraços para alcançar níveis mais altos. A subida torna-se mais interessante graças a milhares de intricados baixos-relevos que devem ser lidos da direita para a esquerda à medida que o peregrino descreve as voltas do monumento. Os painéis representam narrativas da vida terrena e das vidas passadas de Buda, tiradas dos contos *Lalitavistara* e *Jataka*, além da história de Sudhana, jovem discípulo budista que alcançou a iluminação. Graciosas *apsaras* (dançarinas celestiais) de pedra flutuam sobre nuvens; reis e rainhas são vistos em locais suntuosos; e músicos animados tocam gongos e flautas entalhadas com delicadeza. Esse grande caminho

ESQUERDA: Uma estupa quebrada revela um Buda de pedra meditando. Cada uma das 72 estupas em miniatura da parte superior de Borobudur contém uma escultura de Buda

ascendente simboliza o trajeto espiritual do *bodhisattva* em direção à iluminação e ao nirvana.

Após subir a escadaria final, o peregrino alcança o nível mais alto da estrutura, o lugar da iluminação, do despertar e do estado búdico. Aqui, com vista para a selva verdejante e o vulcão sagrado do monte Merapi, 72 pequenas estupas cercam uma central, em círculos perfeitamente orquestrados. Cada uma delas é perfurada para permitir um vislumbre do Buda de pedra sentado em seu interior, em calma meditação. Algumas das estupas estão danificadas, revelando as esculturas de Buda por inteiro. Consta que os quatro níveis de estupas representam os quatro níveis medidativos imateriais.

Todos os anos, até hoje, os budistas indonésios celebram o Waisak – que comemora o nascimento, a iluminação e a morte de Buda – percorrendo o espetacular caminho até o topo de Borobudur.

ACIMA: A vista desde o nível mais alto da estrutura, com a mata circundante ao fundo

DIREITA: Uma vista aérea de Borobudur revela sua estrutura de mandala

Amritsar, Índia

TEMPLO DOURADO

POR MARK TULLY

Veneração que não pode ser calada

Amritsar é para os siques o que Jerusalém é para os cristãos; Meca, para os muçulmanos; e Varanasi ou Benares, para os hindus: o lugar mais importante de peregrinação. O Templo Dourado é o coração da cidade sagrada dos siques.

Erguido primeiramente no século XV pelo quinto guru sique, Arjan Dev, e duas vezes destruído por invasores afegãos, o Templo Dourado foi reconstruído no século XVII e decorado como o vemos hoje no século XVIII, durante o reinado do único imperador sique, Ranjit Singh. O templo não possui as dimensões grandiosas de alguns dos grandes monumentos religiosos do mundo. Com apenas 151m², sua magnificência se deve ao revestimento de bronze coberto de ouro laminado, decorado com complexidade, que cria a impressão de ser todo construído de ouro – que reluz na água da lagoa sagrada na qual o templo parece flutuar. A arquitetura também é ornamentada, com domos em formato de cebola nos quatro cantos e uma cúpula central, folheada a ouro, que representa uma flor de lótus.

Quando os peregrinos entram no complexo de muros brancos que cerca a lagoa, o som de hinos cantados por músicos no interior do templo paira sobre a água. Aqui eles se prostram em um gesto que indica entrega a Deus; o Templo Dourado também é conhecido como Harimandir, ou "morada de Deus". Alguns desses peregrinos sentam-se na beira da lagoa, rezando em silêncio. Outros se banham nela. Todos andam por sua margem até a passarela que conduz ao templo.

Uma das crenças fundamentais dos siques é a igualdade entre todos, e por essa razão há quatro portas de entrada no templo, simbolizando o princípio de que pessoas vindas de todos os cantos do mundo, independentemente de castas ou credos, devem ser bem-vindas. A ascensão do siquismo no século XVI foi, sob muitos aspectos, semelhante à revolução protestante que aconteceu na Europa no mesmo século. Ambas nasceram do sentimento de que a religião tinha se arcado sob

ACIMA: Peregrinos que visitam o Templo Dourado acendem velas para mostrar sua devoção

ESQUERDA: Devotos fazem fila na passarela entre o continente e a plataforma do templo, que parece boiar sobre a água

o peso de rituais e superstições, que os sacerdotes tinham se tornado poderosos demais e que a ortodoxia ganhara tanta importância a ponto de sufocar a espiritualidade. Os gurus fundadores do siquismo foram professores, e não sacerdotes; por isso, ensinou-se aos devotos que não precisavam de intervenções sacerdotais entre eles e seu Deus. Eles não precisavam dos muitos deuses do hinduísmo para atuar como intermediários entre eles e o ser supremo, assim como os protestantes não sentiam necessidade da intercessão dos santos. O último guru disse aos siques que todos os ensinamentos de que necessitavam estavam contidos em sua escritura sagrada. Essa escritura seria seu guia e, por essa razão, foi chamada de Guru Granth Sahib. Quando os peregrinos entram no Templo Dourado eles se prostram diante do Granth Sahib, que todas as manhãs é carregado para o *sanctum sanctorum* sobre um palanquim dourado.

Ao contrário de muitos santuários e lugares de adoração na Índia barulhenta e caótica, o complexo do Templo Dourado é ordeiro. Os peregrinos ou outros visitantes não são importunados por sacerdotes; o comércio que acompanha o turismo religioso é mantido à distância. O ambiente é de veneração, mas não a veneração em voz baixa, típica de uma igreja cristã. Os peregrinos e outros visitantes conversam enquanto fazem fila na passarela que leva ao Templo Dourado. Ninguém manda as crianças ficarem caladas. O cantar de hinos é contínuo, assim como a leitura dos textos sagrados.

Mas o Templo Dourado é essencialmente indiano à medida que os fiéis se entregam a Deus de forma individual, todos procurando uma maneira própria de interpretar as escrituras e vivenciar o divino. Não existe cerimônia religiosa obrigatória – na realidade, não existem obrigações, exceto cobrir a cabeça e comportar-se com reverência. Não sou o único a sentir que o ambiente de veneração, os hinos, o reflexo do templo na água e a devoção dos voluntários que passam o dia ajoelhados, limpando os pisos de mármore, fazem deste um lugar onde é quase impossível não vivenciar o sagrado. Foi por isso que senti tanta aflição quando, em 1984, o complexo do Templo Dourado foi profanado por separatistas siques que o converteram em fortaleza e invadido pelo exército indiano. A sensação sagrada, felizmente, foi restaurada em pouco tempo.

ESQUERDA: O dourado da parte externa do templo é intensificado por seu reflexo na água

Kyoto, Japão

SANTUÁRIO FUSHIMI INARI

As trilhas montanhosas que conduzem ao Santuário Fushimi Inari são cobertas por centenas de portões *torii* alaranjados, um atrás do outro, criando vários quilômetros luminosos de túnel. Estes *torii* de madeira são doados por devotos e constituem um elemento tradicional dos santuários xintoístas, assinalando a entrada de um espaço sagrado. Segundo o costume, os visitantes lavam as mãos e a boca para se purificar antes de fazer essa importante transição do secular para o sagrado.

Acomodado no sopé do monte Inari, este é um dos muitos santuários japoneses em homenagem ao espírito xintoísta Inari, associado ao arroz, à fertilidade e à prosperidade. Ele é representado na forma masculina, feminina ou, ocasionalmente, andrógina, e é um dos espíritos (*kami*) mais populares entre os devotos do xintoísmo.

No sopé do monte Inari se encontram o *romon* (literalmente, portão principal) e o *Go-Honden* (santuário principal), dentro do qual há um ídolo simbólico representando Inari – um espelho. Atrás deles, no meio da montanha, fica o *Oku miya* (santuário interior), ao qual se chega por um caminho ladeado de *toriis*, e no topo da montanha há dezenas de milhares de *tsuka* (montículos) para a adoração particular. Esculturas de *kitsune* (raposas), vistas como mensageiros de Inari, são encontradas em todo o complexo, muitas segurando na boca ou na pata uma chave (do celeiro de arroz), um rolo de papel com um contrato comercial ou um feixe de arroz.

Milhões de fiéis visitam o santuário durante o Ano-Novo japonês, que dura três dias. Oferendas de arroz, saquê e outros alimentos são feitas para agradar aos mensageiros *kitsune*, para que intercedam a Inari em nome do fiel. Outra oferenda popular é o *Inari-zushi*, um sushi de tofu frito, considerado o alimento preferido das raposas japonesas.

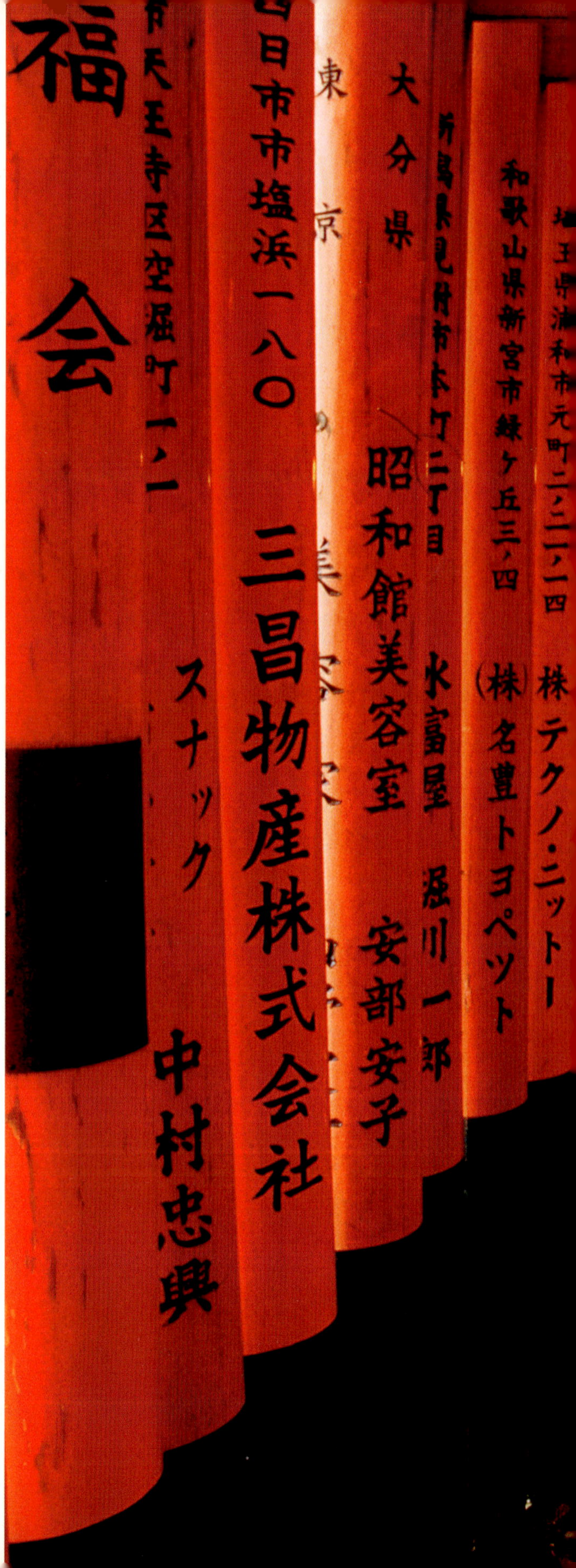

DIREITA: Um dos caminhos que levam ao Santuário Fushimi Inari, protegido por portões alaranjados *torii* doados por devotos de Inari

平成四年十月吉日建之
平成五年三月吉日建之
平成八年二月吉日建之
平成十二年二月吉日建之
平成四年四月五日建之
平成三年十月吉日建之

Ilha do Sul, Nova Zelândia

AORAKI/ MONTE COOK

O Aoraki ("Trespassador de Nuvens"), montanha mais alta da Nova Zelândia, eleva-se 3.700m acima do nível do mar. Para o povo ngai tahu, porém, mais importante que sua altura é o fato de o Aoraki ser um monumento em homenagem ao primeiro filho do deus Raki, pai do céu, e de sua mulher celeste Poharua Te Po ("sopro de vida no ventre da escuridão").

Quando Raki veio à Terra para casar-se com a Mãe Terra, Papa-tui-nuku, seus filhos celestes desceram do céu para render homenagem a ela. Aoraki e seus três irmãos, Rakiro, Rakiru e Rarakiroa, foram transformados em pedra no momento em que sua canoa virou, quando tentavam subir de volta ao céu. Ao alcançar o ponto mais alto da canoa naufragada, os irmãos foram congelados pelo vento sul e se tornaram a Ilha do Sul. Hoje, o Aoraki, com seus três picos, é cercado por toda a eternidade por seus irmãos, na forma dos montes Dampier, Tasman e Teichelmann. Segundo a versão científica dessa história, as montanhas foram criadas por movimentos tectônicos nas placas Pacífica e Indo-Australiana. Essa pressão ainda está em curso, elevando a cordilheira ao ritmo de 6mm por ano.

Em 1851 o capitão John Stokes deu ao Aoraki o nome de monte Cook, em homenagem a James Cook, o primeiro europeu a navegar pelas ilhas. Nos anos seguintes desde então, a montanha tornou-se um destino famoso para a prática de atividades ao ar livre. Há mais de 300 espécies vegetais no parque nacional, como a margarida-da-montanha e ranúnculos gigantes conhecidos como lírios do monte Cook, e o papagaio-da-nova-zelândia e a pernalonga negra estão entre os animais raros que habitam a região.

Para os ngai tahu, contudo, subir a montanha seria um sacrilégio. O Aoraki é a encarnação física do maior de seus ancestrais, além de ser um elemento que conecta este mundo ao sobrenatural.

ESQUERDA: Acredita-se que o Aoraki/ monte Cook, que ocupa a posição esquerda nas montanhas vistas nesta foto, seja o primeiro filho do deus Raki

Kimberley, Austrália

BUNGLE BUNGLE

As histórias aborígenes do Tempo do Sonho descrevem o processo mítico pelo qual a Austrália foi criada. Essas histórias estão ligadas à aparência física da paisagem – como se a necessidade de explicar aspectos topográficos tivesse atiçado a imaginação da raça antiga, sugerindo a ela todo um mundo de seres criadores sobrenaturais.

Bungle Bungle, na Austrália ocidental, é uma das áreas habitadas pelos espíritos do Tempo do Sonho. É um maciço tão repleto de marcas e crateras quanto uma paisagem lunar, e, quando se olha para as elevações e os nódulos rochosos, listrados em laranja e cinza e com aparência de algo extraterrestre, é quase impossível crer que sejam frutos de um fenômeno natural. Na realidade, essas imensas colmeias listradas são frutos da erosão. Séculos de ventos quentes vindos do deserto de Tanami expuseram o arenito e as algas das camadas interiores da Terra e produziram uma paisagem de aparência oceânica que lembra um recife de corais, com cores que deslumbram os olhos em tons de azul, laranja, esmeralda, índigo e cinza.

O desfiladeiro Echidna é uma fenda estreita que abre caminho entre dois penhascos de arenito vermelho-dourado. Em alguns pontos ele tem apenas 2m de largura, mas, com 2km de extensão, a impressão é de que algum gigante ou deus usou sua espada para resolver algum conflito antigo, cortando o penhasco ao meio.

A região é habitada por algumas das espécies de fauna mais espetaculares da Austrália – em especial as muitas aves que vivem nos leitos secos de rios do planalto. Periquitos-australianos e abelheiros arco-íris voam por esses riachos secos. Surpreendentemente, a região só foi percorrida por não nativos a partir dos anos 1980 e ainda faz parte do domínio espiritual aborígene. Visitar Bungle Bungle hoje é testemunhar, em primeira mão, a tradição do Tempo do Sonho.

DIREITA E ACIMA: As estruturas de arenito de Bungle Bungle, formadas por milhões de anos de desgaste provocado pelo vento. Para os aborígenes, este é um "lugar de sonho"

Território do Norte, Austrália

ULURU

POR PICO IYER

O silencioso coração pulsante da Austrália

O Taj Mahal, as Pirâmides de Gizé, a Grande Muralha da China: todos mostram o que o homem pode fazer à natureza (e com ela). O Uluru, por muito tempo conhecida pelo mundo ocidental como a rocha de Ayers, mostra o que a natureza pode fazer ao homem. Ela apenas está ali, uma "montanha-ilha" de 335m que se ergue em meio ao vazio absoluto no coração do "Centro Vermelho" da Austrália, a mais de 320km da cidadezinha mais próxima, na parte sul do Território do Norte, e não diz nada. Não oferece câmaras, torretes ou inscrições. Simplesmente se posta diante de você, maciça e implacável, lembrando Ozymandias, e indaga o que você está fazendo com sua vida.

ACIMA E PÁGINAS SEGUINTES, DIREITA: A grande formação rochosa do Uluru, símbolo da Austrália, dotada de profunda importância sagrada para a população aborígene do país

ESQUERDA: O rochedo possui alto teor de ferro, que "enferrujou", conferindo à rocha sua intensa cor vermelha

Evidentemente, toda a terra do continente mais antigo do mundo é sagrada para sua população indígena, e uma vasta e complexa "pauta musical" mapeia uma geografia secreta que é ilegível por estrangeiros. Mas o Uluru possui uma carga especial para os aborígenes que vivem em volta dela há dezenas de milhares de anos. Para eles, é uma terra repleta dos espíritos de dezenas de seres criadores. De acordo com um relato, um pequeno lagarto vermelho atirou um pau curvo, que penetrou na grande rocha, e morreu tentando arrancá-lo; segundo outro, dois homens-lagartos de línguas azuis mataram um emu que fugia dos irmãos sino-ave, e os bandos de predadores rivais se enfrentaram neste local assombroso.

Pinturas nas cavernas que se espalham pelo Uluru mostram histórias do Tempo do Sonho, e a rocha oferece um olho-d'água permanente no meio do deserto inóspito. Pede-se aos visitantes que não escalem a estrutura sagrada, mas muitos o fazem – e morrem tentando. Mesmo tirar fotos de determinadas partes do grande monólito – ou levar embora pedaços dele – é visto como uma espécie de profanação. Para os anangu, que são protetores do local, a área inteira está viva.

Para intensificar a magia, o arenito do Uluru muda constantemente de cor sob o efeito da luz, de modo que esta imóvel presença parece possuir uma centena de encarnações. "Esta rocha me parece mais assombrosa cada vez que a contemplo", disse William Gosse, um dos primeiros exploradores europeus a ver o Uluru, em 1873. Ela representa toda a força pulsante do interior da Austrália, um lugar primordial, assombrado, feito de caminhos de terra vermelha e de árvores esbranquiçadas, contorcidas em ângulos estranhos sob o vazio de um brilhante céu azul-cobalto.

O Uluru, em suma, possui um magnetismo e uma presença que foto ou cartão-postal nenhum pode captar; é aquele local raro, com tanto carisma que faz qualquer descrição parecer insuficiente. Quando primeiro se visita a Austrália, é fácil pensar que suas reluzentes cidades loiras, o conforto de seu estilo de vida e suas bonitas praias de areia branca evidenciem suas dádivas especiais; mas é apenas quando se viaja ao coração do país que se percebe que a força real dessa terra está em seu silêncio e seu vazio, em suas histórias muito antigas sobre pássaros e cobras em guerra.

O nome indígena tradicional que foi restaurado, "Uluru", leva a essa constatação. Parece estranho para a maioria de nós; há a letra "u" no início, no meio e no fim. De alguma maneira, o que o nome nos diz é que este é o lugar onde todas as palavras se esgotam.

ACIMA: Nas muitas cavernas que cercam o Uluru, pinturas retratam cenas do Tempo do Sonho. Essas imagens são regularmente retocadas com novas camadas de tinta

Ilha de Raiatea, Polinésia Francesa

TAPUTAPUATEA

Acredita-se que as ilhas da Sociedade, na Polinésia Francesa, em particular a ilha de Raiatea, sejam o lugar de nascimento das crenças espirituais polinésias. *Raiatea* significa "céu claro" na língua taitiana, e a ilha é um paraíso tropical idílico adornado com hibiscos selvagens, bambuzais, castanheiros taitianos e uma delicada e rara flor branca conhecida como *tiare apetahi*. Os ancestrais dos polinésios, vindos da Micronésia há cerca de 50 mil anos, teriam se fixado primeiramente em Raiatea, partindo depois para povoar áreas imensas do oceano Pacífico.

A *marae* (clareira aberta para finalidades cerimoniais) antiga existente na comuna de Taputapuatea é o maior e mais importante sítio sagrado da Polinésia (*abaixo*). A cada cinco anos, polinésios vindos de lugares tão distantes quanto a Nova Zelândia, a Ilha de Páscoa e o Havaí ainda se reúnem aqui para homenagear antepassados comuns. Uma grande pedra em pé no centro da *marae* cria uma silhueta marcante sob o sol poente, semelhante à de uma estátua da Ilha de Páscoa. Esta plataforma-templo foi construída em corais e rocha vulcânica negra, há cerca de 1.500 anos, por adoradores de Oro, deus da guerra e da fertilidade e filho do rei criador Ta'aroa, que teria nascido na ilha. Todas as outras *marae* que existem na Polinésia devem ser erguidas sobre uma pedra sagrada de Taputapuatea ou de um de seus templos descendentes. Toda a área que cerca Taputapuatea, que abrange também a cratera do vulcão Fa'arua, é vista como um "espaço sagrado" pelos polinésios. A cratera do Fa'arua é conhecida como "o umbigo do mundo".

Nos tempos antigos, guerreiros que viviam na cratera desciam para adorar os deuses no templo de Taputapuatea, à beira-mar, antes de partir em suas viagens de conquista, e ofereciam sacrifícios humanos e animais antes de zarpar. Durante gerações depois deles, os polinésios devem ter continuado a buscar a bênção dos chefes do templo antes de partir para fundar dinastias no Havaí, em Samoa, em Rarotonga (ilhas Cook) e na Nova Zelândia.

Queensland, Austrália

DESFILADEIRO DE CARNARVON

O desfiladeiro de Carnarvon, um trecho de 158km^2 do Parque Nacional Carnarvon, em Queensland, é um lugar que possui significado natural e espiritual singular para os povos aborígenes locais bidjara e karingbal. Para eles, o desfiladeiro foi um "lugar de poder", que concentrava energias e era ponto de encontro para a realização de cerimônias tradicionais.

Situado na parte leste e mais visitada do parque, o desfiladeiro foi formado há milhões de anos, de xisto, arenito e outros depósitos rochosos sedimentares. Caminhando por aqui, o visitante pode enxergar essas camadas diferentes, em especial as de arenito, que compõem espaços espetaculares. No desfiladeiro, chove mais e a temperatura é mais baixa que no planalto árido que o cerca, o que faz dele um santuário verde e acolhedor, repleto de eucaliptos, acácias, pinheiros e samambaias gigantes.

Na parte inferior do desfiladeiro há uma "galeria de arte" rochosa com 60m de extensão. Única em sua diversidade e âmbito, a arte aborígene encontrada aqui consiste em pinturas de bumerangues, gravuras e desenhos feitos com a técnica do estêncil, principalmente de mãos humanas e símbolos de fertilidade. Acredita-se que essas marcas tenham sido feitas como parte de uma cerimônia espiritual, simbolizando uma união entre o homem e a rocha. Elas têm mais de 3.500 anos, mas os tons dos pigmentos ainda são vívidos; esses estênceis são alguns dos mais sofisticados do gênero em todo o mundo.

Os povos que criaram essa arte, contudo, não viviam permanentemente no desfiladeiro de Carnarvon – talvez para evitar o perigo de ser presos aqui, mas também porque a terra era considerada tão sagrada que apenas devia ser atravessada, não ocupada de forma fixa.

Parque Nacional Tongariro, Nova Zelândia

MONTE RUAPEHU

Dizem que os vulcões que formam o Parque Nacional Tongariro, na extremidade sul da Ilha do Norte da Nova Zelândia, nasceram das orações do sumo-sacerdote Ngatoroirangi, em uma época muito longínqua. Quando viajava em direção ao lago Taupo, ele viu uma cordilheira e decidiu escalar as montanhas. Antes de chegar ao pico mais alto, uma grande tempestade de neve abateu-se sobre ele, e o sacerdote se viu preso em um redemoinho de vendavais antárticos. Desesperado, rezou para o senhor do submundo incandescente, Ruamoko, e sua prece foi atendida: ele recebeu a dádiva da lava, que irrompeu do monte Ruapehu e derramou-se até seus pés em uma lagoa que formou o anel de fogo do Pacífico.

Para os maoris, as montanhas da cordilheira que possui os picos de Ruapehu, Tongariro e Ngauruhoe são *wahi tapu*, ou locais sagrados. A palavra *tapu* está na origem do termo "tabu", talvez porque lugares classificados como *tapu* não devam ser percorridos, discutidos, perturbados nem contemplados, segundo a tradição maori.

O monte Ruapehu é o maior vulcão da Nova Zelândia e ainda está ativo. Entre uma e outra de suas erupções semirregulares (normalmente ocorrem duas grandes erupções por século), gelo derretido e água das chuvas se acumulam em sua cratera, formando um enorme lago mineral. Nas encostas da montanha é possível ver alguns corpos de água ainda mais espetaculares: os lagos Esmeralda. Feitos de água formada pelo derretimento de campos de gelo nos picos mais altos, são repletos de minerais de andesina das rochas em volta, que os tingem de cores extraordinárias. Às vezes esmeralda, às vezes cor de jade ou turquesa, os lagos mudam constantemente de forma e tamanho, conforme mudam as massas de neve a seu lado no inverno. Os maoris veneravam esses corpos de água celeste, que pareciam respirar e inchar, atribuindo a eles os poderes espirituais dos deuses vivos e da energia da *mana*: a capacidade de inspirar respeito e assombro, algo que deve ser vivido, mas nunca explicado.

DIREITA: Os lagos Esmeralda nas encostas do sagrado monte Ruapehu. Minerais de andesina conferem à água cores extraordinariamente vívidas

Território do Norte, Austrália

KATA TJUTA

Kata Tjuta se apresenta como uma série de ondulações extraordinárias na tessitura sedosa do deserto. Estas rochas erguem-se sobre a paisagem em volta, como um grupo de cúpulas vermelhas empoeiradas dominando o horizonte.

Kata Tjuta fica 40km a oeste de seu semelhante mais conhecido, o Uluru *(pp. 212-5)*. Na verdade, os dois sítios são um conjunto. As formações rochosas são as duas extremidades de um imenso braço curvo de arenito imerso no leito rochoso, a uma profundidade de até 6km. Hoje Kata Tjuta cobre uma área de mais de 21km^2; no passado deve ter sido muito maior, possivelmente tinha dez vezes o tamanho do Uluru. Mas sua composição conglomerada a deixou mais suscetível aos 500 milhões de anos de erosão. Enquanto o Uluru tem sua face voltada para o mundo, desviando os ventos, Kata Tjuta volta-se para dentro de si mesma e de seus segredos.

Estas rochas são cercadas por mistério. Acredita-se que tribos aborígenes tenham vivido aqui 10 mil anos atrás; como o Uluru, Kata Tjuta é um lugar importante no Tempo do Sonho desde essa época. Muitas lendas aborígenes cercam Kata Tjuta; várias delas descrevem a grande serpente Wanambi, que supostamente vivia em um olho-d'água no pico do domo mais alto, o monte Olga, durante a estação das chuvas. As linhas escuras gravadas na pedra no lado oriental do olho-d'água seriam os pelos da barba da serpente. Quando chega a estação seca, Wanambi se muda para as cavernas e os desfiladeiros mais abaixo, e sua respiração forma os ventos que sopram pelas ravinas e fendas das rochas.

Certas cerimônias aborígenes ainda são realizadas aqui, e boa parte da mitologia e dos rituais secretos é conhecida apenas pelos membros mais velhos das tribos e pelas próprias rochas. Talvez a única maneira de adquirir alguma compreensão acerca do enigma poderoso destas pedras milenares seja vir para cá e ouvir o sussurro do vento, assinalando o fluxo e o refluxo da respiração do deus-serpente antigo, Wanambi.

Nova Gales do Sul, Austrália

LAGO MUNGO

As margens do lago Mungo são habitadas por seres humanos desde tempos muito remotos. Nos anos 1970, foram encontrados aqui os restos de uma mulher e o esqueleto de um homem. Eles teriam sido sepultados de acordo com os rituais aborígenes há cerca de 48 mil anos, e essas práticas funerárias são vistas por muitos como a evidência mais antiga no mundo de um conjunto coerente de crenças espirituais. Esta região continua a ter significado sagrado para os aborígenes.

De acordo com o mito, o lago foi formado originalmente por dois seres mágicos, Bookoomurri (criatura semelhante a um dinossauro) e um canguru gigante. Arqueólogos descobriram que esta região de fato abrigou no passado o gigantesco Procoptodon, animal semelhante a um marsupial e quase duas vezes maior que o maior canguru existente hoje.

Quando o lago Mungo era um lago de fato (hoje é uma bacia seca), continha peixes, fauna e flora em grande abundância. A região foi habitada no passado por duas tribos – os paarintji, no norte, e os paakantji, no sul. As duas tribos viveram pacificamente às margens do lago por mais de 20 mil anos, até que o lago começou a secar, entre 12 mil e 10 mil anos atrás. Ressecada pelo sol, uma imensa extensão de terra pontuada por dunas e afloramentos rochosos foi o que restou das águas do lago. Na margem nordeste, formações extraordinárias erguem-se das dunas de areia, moldadas pela erosão dos ventos e das chuvas. São conhecidas como as Grandes Muralhas da China, nome que receberam dos primeiros trabalhadores chineses a chegar à região.

Mais de cem sítios tumulares foram documentados na área em volta do lago, além de resquícios de fogueiras de acampamentos, sambaquis, pedreiras, lugares onde eram fabricadas ferramentas, e até mesmo pegadas impressas na argila – testemunhos das comunidades que habitaram esta região. E artefatos soterrados continuam a ser descobertos constantemente, em especial depois de chuvas. O lago Mungo é um tesouro arqueológico vivo.

Território do Norte, Austrália

ROCHEDO NOURLANGIE

No Tempo do Sonho, o tempo da criação na mitologia aborígene, dois espíritos ancestrais chamados Namondjok e Namarrgon viajaram em direção oeste, criando as formações da paisagem ao longo de seu caminho. Uma dessas formações foi o grande afloramento rochoso conhecido como rochedo Nourlangie, que se ergue a partir do planalto de Arnhem, no Território do Norte australiano.

Os povos aborígenes usam as fendas e saliências de Nourlangie há pelo menos 20 mil anos para proteger-se das chuvas das monções. O rochedo também possui alguns dos mais enigmáticos exemplos de arte sacra aborígene. Na parte inferior dos penhascos de Nourlangie, conhecida como Anbangbang, é possível ver cenas pintadas que retratam espíritos do Tempo do Sonho, entre os quais estão Namondjok e Namarrgon, suas famílias e outros seres praticando rituais sagrados de seus clãs.

Consta que Namondjok vive no céu, mas uma grande rocha ereta isolada em Burrunggui, a parte superior de Nourlangie, seria uma pena que caiu de seu enfeite de cabeça. Namarrgon, o homem-relâmpago, reside na própria terra, e outra pedra solitária seria um de seus olhos. Os visitantes são aconselhados a respeitar o local, para evitar que Namarrgon lhes inflija uma enfermidade grave. As pinturas rupestres de Namarrgon mostram uma linha formando um arco sobre ele, interligando mãos, cabeça e tornozelos. A linha representa o relâmpago, e é Namarrgon quem desencadeia as violentas tempestades que fustigam o planalto de Arnhem na estação das chuvas.

Como em outros sítios aborígenes, apenas os nativos têm o direito de conhecer os detalhes que explicariam por completo as cenas vistas nas pinturas de Nourlangie. A beleza do rochedo se estende à vista de todos, mas ele conserva muitos de seus mistérios sagrados.

DIREITA: De acordo com a mitologia aborígene, o grande afloramento do rochedo Nourlangie, que está em segundo plano nesta foto, foi criado pelos espíritos ancestrais Namondjok e Namarrgon

Território do Norte, Austrália

DEVIL'S MARBLES

Uma coleção de imponentes pedras de granito vermelho, conhecidas pelas tribos aborígenes locais como Karlu Karlu, equilibra-se sobre a terra árida do Outback australiano. De tamanhos que variam entre 60cm e 6m de largura e espalhadas por uma área imensa, as pedras (cujo nome em inglês significa "bolas de gude do diabo") se equilibram em configurações precárias, que desafiam a gravidade.

Estas pedras foram formadas em um processo natural em duas etapas, há mais de 1 bilhão de anos. Na primeira fase, magma endurecido e comprimido da crosta terrestre subiu para a superfície sob a forma de granito, e a pressão levou-o a rachar, dividindo-se em enormes blocos quadrados. Na segunda fase, esses blocos foram desgastados por milhões de anos de erosão, resultando nas grandes esferas rochosas vistas hoje. Logo, as Karlu Karlu simbolizam os primórdios da criação.

Existem muitas lendas aborígenes associadas a este local, transmitidas ao longo das gerações nas histórias do Tempo do Sonho. Os kaytetye, por exemplo, creem que as pedras são os ovos fossilizados da Serpente Arco-Íris, uma criatura imensa

que subiu para a superfície da Terra e então deslizou pelo mundo, criando rios, desfiladeiros, mares e montanhas.

Toda a terra em volta das Devil's Marbles é sagrada para a mitologia aborígene, e, embora muitas das lendas associadas a ela tenham sido esquecidas ao longo do tempo, o sítio conserva profunda importância espiritual para o povo local. O lugar foi, no passado, palco de cerimônias que reuniam quatro tribos distintas: warlpiri, warumungu, kaytetye e alyawarra. Elas se encontravam apenas nesse período, cantando e dançando para os espíritos na esperança de que estes abençoassem a terra, até chegar o sinal que indicava que deveriam tomar seu próprio rumo outra vez. Hoje a área de Devil's Marbles está sob a guarda conjunta de guardas-florestais nacionais e representantes das quatro tribos ligadas ao local, refletindo a tradição secular de partilha do espaço.

ABAIXO: Algumas das grandes pedras de granito conhecidas como Karlu Karlu, ou Devil's Marbles, que dominam esta parte da árida paisagem do Outback

diretório geográfico

Tomamos todo o cuidado possível para assegurar a precisão das informações que seguem. Apesar disso, é aconselhável consultar guias de viagem atualizados antes de sua partida. Os locais para os quais não é informado um horário de funcionamento são acessíveis o ano inteiro, a menos que seja indicado o contrário. As temperaturas médias informadas são para o horário diurno.

AMÉRICAS

BELIZE

BLUE HOLE, *Recife Lighthouse, pp. 30-1*
Clima: A temperatura do ar fica entre 26°C-30°C o ano inteiro. À profundidade de 40m, a temperatura da água é de aproximadamente 24°C. Melhor época para visitar: na estação seca, em abril e maio.
Como chegar: O aeroporto mais próximo é o Aeroporto Internacional Philip Goldson, ao qual se chega em um voo curto partindo do Aeroporto Internacional de Belize. De lá você pode chegar de barco a Ambergris Caye e Caye Caulker em cerca de três horas.
Outras informações: Operadores de mergulho podem organizar passeios noturnos de mergulho.

BOLÍVIA

TIWANAKU, *nos arredores de La Paz, pp. 22-3*
Horário de funcionamento: Diariamente (9h-16h30), o ano inteiro.
Clima: A temperatura média é fresca (12°C). Chove principalmente no verão (nov-mar); no inverno (abr-out) faz mais frio de dia, mas o céu geralmente está sem nuvens.
Como chegar: O aeroporto mais próximo é o Aeroporto Internacional de El Alto, em La Paz (52km). A partir dali, chega-se ao local de ônibus (1h30). Há carros de aluguel disponíveis, mas pode ser difícil dirigir - nem todas as estradas são sinalizadas.
Outras informações: No dia 21 de junho, a festa do Ano-Novo aimará (*Machaj Mara*) acontece em Tiwanaku, atraindo até 5 mil pessoas. Ônibus partem de La Paz às 4h nesse dia, para chegar antes do nascer do sol.

BRASIL

CRISTO REDENTOR, *Rio de Janeiro, p. 27*
Horário de funcionamento: Diariamente (8h30-18h30), o ano inteiro.
Clima: Quente e úmido no verão (nov-mar), com temperaturas que chegam a 40°C. Fresco no inverno (jun-set), com temperatura que pode cair para 15°C. Melhor época para visitar: junho a agosto.
Como chegar: O aeroporto mais próximo é o Aeroporto Internacional do Rio de Janeiro/Galeão-Antonio Carlos Jobim (a 20km da estátua). Chega-se ao Cristo de carro, por uma estrada, ou pelo Trem do Corcovado, um trajeto de 20min.
Outras informações: Para chegar ao pé da estátua, o visitante pode subir 220 degraus ou usar um sistema de elevadores.

CANADÁ

BASÍLICA DE SAINTE-ANNE-DE-BEAUPRÉ, *Quebec, p. 26*
Horário de funcionamento: Diariamente (8h-22h), o ano inteiro.
Clima: Fresco a levemente quente no verão (jun-set), com temperaturas entre 10°C-25°C; abaixo de -18°C no inverno (nov-abr). Melhor época para visitar: maio a outubro.
Como chegar: O aeroporto mais próximo é o Aeroporto Internacional Quebec City (cerca de 32km de distância).
Outras informações: As duas romarias mais populares à igreja acontecem em 26 de julho (dia de Santa Ana) e 8 de setembro (dia do nascimento de Maria).

EUA

BIGHORN MEDICINE WHEEL, *Wyoming, p. 12*
Horário de funcionamento: Diariamente, meados junho a setembro, com clima favorável.
Clima: Em média, -11°C durante o inverno, com neve frequente, e 15°C no verão. Melhor época para visitar: maio a outubro.
Como chegar: Os aeroportos mais próximos são o South Big Horn County Airport (cerca de 100km) e o North Big Horn County Airport (cerca de 70km). O local é acessível de carro, mas é preciso caminhar 2,4km a partir do estacionamento. Portadores de deficiência podem usar um veículo motorizado para chegar ao local.
Outras informações: Pede-se aos visitantes que percorram a Roda em sentido horário, respeitando a tradição indígena americana.

BIG SUR, *Califórnia, pp. 18-21*
Clima: Geralmente ameno, com média de 16°C durante o verão ensolarado e seco e média de 12°C no inverno úmido. A época mais popular para visitar é meados do verão, quando praticamente não chove. Pode haver neblina no litoral, especialmente pela manhã. A melhor época para ver a flora e a fauna locais é entre abril e junho; em setembro e outubro você pode apreciar as cores do outono.
Como chegar: O aeroporto mais próximo é o de Monterey (cerca de 48km), mas o de San Jose (cerca de 195km) tem voos mais frequentes.
Outras informações: É possível acampar em praticamente qualquer lugar em Big Sur. Leve roupas para clima quente e frio, seja qual for a época do ano, porque a temperatura é imprevisível.

BRYCE CANYON, *Utah, pp. 10-1*
Horário de funcionamento (centro de informação): Diariamente, 8h-16h30 (abr); 8h-20h (mai-set); 8h-18h (out); 8h-16h (nov-mar); fecha no Natal e no Dia de Ação de Graças.
Clima: Devido à elevada altitude do Bryce Canyon, a temperatura é mais baixa que em outros parques do Utah; é agradável fazer caminhadas, mesmo no verão. A temperatura pode chegar a 28°C no verão e cair para -13°C no inverno.
Como chegar: O aeroporto mais próximo é de Cedar City (cerca de 130km), mas há mais voos para os aeroportos de Las Vegas, Nevada, e Salt Lake City (todos distantes cerca de 400-480km). O melhor é alugar um carro, já que não existe transporte público que vá diretamente ao parque.
Outras informações: Entre maio e outubro há mais

de 170 espécies de aves fazendo seus ninhos em volta do Martelo de Thor.

CÂNION DE CHELLY, *Arizona, pp. 16-7*

Horário de funcionamento: Diariamente (8h-17h), o ano inteiro, exceto no Natal.

Clima: A temperatura pode chegar a 38°C no verão e cair para -7°C no inverno. Ocorrem grandes variações de temperatura ao longo do dia.

Como chegar: Os aeroportos mais próximos são os de Phoenix (cerca de 640km) e Albuquerque (cerca de 370km), nos quais você pode alugar um carro para prosseguir. Há também trens e ônibus que partem de Gallup, Novo México, e Flagstaff, Arizona.

Outras informações: Apenas uma trilha (a White House) pode ser percorrida sem um guia navajo.

DEVILS TOWER, *Wyoming, pp. 28-9*

Horário de funcionamento: Diariamente, o ano inteiro, exceto entre novembro e maio, quando o centro de visitantes e o camping ficam fechados. Há uma proibição de escaladas em junho, quando indígenas americanos promovem cerimônias sagradas em volta da torre.

Clima: No verão, a temperatura média máxima é de 27°C e há tempestades ocasionais. No inverno, a temperatura média mínima é de -13°C.

Como chegar: Os aeroportos mais próximos são os de Gillette (cerca de 75km) e Rapid City (cerca de 145km). A maneira mais fácil de chegar é de carro.

Outras informações: É possível escalar a célebre Durrance Route em 4h-6h e depois descer em rapel em 1h-2h.

PIPESTONE, *Minnesota, pp. 38-9*

Horário de funcionamento: Diariamente, o ano inteiro, exceto no Dia de Ação de Graças, no Natal e no Ano-Novo.

Clima: Geralmente agradável no verão, com temperaturas que variam entre 16°C e 27°C. O inverno é muito frio; a temperatura pode ficar abaixo de -18°C, e a neve e o gelo tornam partes da trilha inacessíveis. Melhor época para visitar: maio a setembro.

Como chegar: O aeroporto mais próximo é o Aeroporto Regional de Sioux Falls (cerca de 80km), no qual você pode alugar um carro.

Outras informações: É proibido por lei extrair a pedra do local sem autorização. Apenas indígenas americanos cadastrados em tribos podem cortar e remover a pedra-de-cachimbo.

SERPENT MOUND, *Ohio, pp. 24-5*

Horário de funcionamento: Diariamente, o ano inteiro, durante o dia. O museu fica aberto de março a outubro, aos sábados e domingos, entre 10h-17h; em novembro e dezembro aos sábados e domingos entre 10h-16h.

Clima: Agradável no verão, com temperatura média de 21°C, e frio no inverno, com média de -5°C.

Como chegar: O aeroporto mais próximo é o Aeroporto Internacional Port Columbus (cerca de 170km), no qual você pode alugar um carro.

Outras informações: Há uma torre de observação no local, onde você pode subir para ter uma visão geral da efígie da serpente.

VULCÃO MAUNA KEA, *Havaí, pp. 32-3*

Clima: Frio e úmido, mesmo no verão. A temperatura média no topo do Mauna Kea é de 0°C o ano inteiro, dia e noite. Pode haver ventos de até 80-100km/h no topo. Evite ir em janeiro e fevereiro, quando tempestades de inverno podem fazer cair até 60cm de neve.

Como chegar: O aeroporto mais próximo é o Aeroporto Internacional Kona (cerca de 115km do Centro de Visitantes Onizuka). Você terá de ir em um passeio organizado ou alugar um carro 4x4, pois a estrada é íngreme e estreita.

Outras informações: A maioria das pessoas visita o vulcão ao pôr do sol.

WRANGELL-ST. ELIAS NATIONAL PARK, *Alasca, pp. 36-7*

Horário de funcionamento (centro de informação): outubro a maio, segunda a sexta, 8h-16h30; entre o Memorial Day (última segunda de maio) e 12 de setembro, diariamente 9h-19h; 13 de setembro a 30 de setembro, diariamente, 8h-16h30.

Clima: Verão curto e quente (junho e julho são os meses mais quentes, com temperaturas acima de 27°C) e inverno longo e muito frio, com temperatura podendo cair para -40°C. Melhor época para visitar: início de junho a meados de setembro.

Como chegar: O aeroporto internacional mais próximo é o de Anchorage (cerca de 385km), a partir do qual leva-se um dia de carro para chegar ao parque. Há também várias pistas de pouso espalhadas pelo parque, às quais é possível chegar em avião particular ou táxi aéreo licenciado, partindo dos aeroportos de Anchorage ou Juneau.

Outras informações: Nas noites escuras de inverno, entre 24h e 2h, às vezes é possível ver a Aurora Boreal.

GUATEMALA

LAGO ATITLÁN, *Panajachel, pp. 14-5*

Clima: Geralmente tropical e agradável, com temperatura média de 27°C. As noites são frescas o ano inteiro. A melhor época para visitar é fora da época de muito vento (nov-fev).

Como chegar: O aeroporto mais próximo é o Aeroporto Internacional La Aurora, na Cidade da Guatemala (a 110km de distância). Há ônibus frequentes da Cidade da Guatemala a Panajachel (cerca de 3h30). Há barcos e ferryboats para passear pelo lago.

Outras informações: Para ver os vulcões de perto, faça um passeio de barco de Panajachel a Santiago Atitlán.

MÉXICO

PIRÂMIDE DO FEITICEIRO, *Yucatán, p. 34*

Horário de funcionamento: Diariamente (8h-17h), o ano inteiro.

Clima: Quente e úmido o ano inteiro. A temperatura média é 28°C. Melhores épocas para visitar: abril, maio, outubro e novembro.

Como chegar: O aeroporto mais próximo é o de Mérida (cerca de 115km). O local é acessível de carro (cerca de 1h).

Outras informações: A Pirâmide faz parte do complexo arqueológico Uxmal, com outras estruturas que merecem ser conhecidas, como o Palácio do Governador, o Quadrângulo do Convento e o Campo de Bola.

POÇO DO SACRIFÍCIO, *Chichén Itzá, p. 35*
Horário de funcionamento: Diariamente (8h-17h), o ano inteiro.
Clima: Quente e úmido o ano inteiro, especialmente entre 12h-16h. A temperatura média é 34°C.
Como chegar: Os aeroportos mais próximos são os de Cancún (cerca de 120km) ou Mérida (cerca de 190km); a partir deles pode-se ir de ônibus ou carro.
Outras informações: O próprio complexo de Chichén Itzá é repleto de outras estruturas arqueológicas que merecem ser visitadas, entre elas a pirâmide de El Castillo.

PERU

LINHAS DE NAZCA, *deserto de Nazca, p. 13*
Clima: Um dos lugares mais secos da Terra. A temperatura média é 25°C, podendo chegar a 40°C. É melhor não visitar durante o verão (dez-mar), quando o calor pode ser extremo.
Como chegar: O aeroporto mais próximo é o Aeroporto Internacional Jorge Chávez (16km a noroeste de Lima). Há ônibus e carros de aluguel disponíveis para viajar entre Lima e Nazca (cerca de 440km, 7h).
Outras informações: A maioria dos visitantes aluga aviões locais para ter uma vista aérea das Linhas.

EUROPA

ALEMANHA

CATEDRAL DE AACHEN, *Aachen, pp. 56-7*
Horário de funcionamento: Diariamente, abril a outubro (7h-19h) e novembro a março (7h-18h).
Clima: Verão ameno, com temperatura máxima de pouco mais de 20°C. No inverno a temperatura pode cair para abaixo de -7°C e neva com frequência.
Como chegar: Os aeroportos com as melhores conexões de transporte são os de Dusseldorf (cerca de 90km) e Colônia (cerca de 80km). Aachen é acessível de carro, e há bons serviços de ônibus e trem.
Outras informações: Para ver o trono de Carlos Magno você terá de fazer uma visita guiada à catedral.

EXTERNSTEINE, *Teutoburger Wald, pp. 72-3*
Horário de funcionamento: segunda a quarta (10h-12h, 15h-16h) e quinta a sábado (10h-12h), o ano inteiro.
Clima: A temperatura varia entre 10°C-20°C no verão e 0°C-4°C no inverno. Chove com frequência o ano todo.
Como chegar: O aeroporto grande mais próximo é o de Paderborn, a partir do qual há trens regulares para Detmold (a cerca de 45km do aeroporto). A partir de Detmold chega-se ao local por ônibus turístico.
Outras informações: O Hermannsdenkmal, um monumento do século XIX ao nacionalismo alemão, fica a poucos quilômetros de distância.

ESPANHA

SANTIAGO DE COMPOSTELA, *Galícia, pp. 74-7*
Horário de funcionamento: Diariamente (7h-21h), o ano inteiro.
Clima: Verão e inverno amenos, com temperaturas de 18°C-20°C e 8°C-10°C, respectivamente.
Como chegar: O aeroporto mais próximo é o de Lavacolla (11km). Do aeroporto chega-se a Santiago de ônibus, trem ou carro alugado. Partindo de Madri, você pode ir a Santiago em trem ou ônibus-leito.
Outras informações: A peregrinação tradicional a Santiago de Compostela, o Caminho de Santiago, pode levar semanas quando feita a pé. As duas rotas mais percorridas são o *Camino Francés* (Caminho Francês), que parte do lado francês dos Pireneus ou de Jaca ou Roncesvalles, no lado espanhol, e o *Camino Portugués* (Caminho Português), partindo do Porto, em Portugal.

TALATÍ DE DALT, *Menorca, pp. 60-1*
Clima: Verão quente (20°C-25°C ou mais) e inverno ameno, moderadamente úmido, com temperatura média de 10°C. A primavera é a melhor época do ano para visitar, já que há menos movimento e o tempo ainda está bom.
Como chegar: O aeroporto mais próximo fica em Menorca (4km), de onde você pode ir de ônibus até a vizinha Mahón (Maó) ou alugar um carro. Outra opção é ir a Mahón de ferryboat, partindo de Alcudia ou Palma de Maiorca.
Outras informações: O monte El Toro, o ponto mais alto da ilha, fica perto daqui. Além de proporcionar belas vistas panorâmicas, no monte há um mosteiro do século XVI.

FINLÂNDIA

CATEDRAL DE TURKU, *Turku, p. 89*
Horário de funcionamento: Diariamente (9h-19h), o ano inteiro, com uma hora mais no verão (9h-20h).
Clima: Verão quente, com temperaturas de até 30°C, e inverno frio, com temperaturas inferiores a -5°C e neve frequente.
Como chegar: Os aeroportos mais próximos são os de Turku (9km) e o de Helsinki-Vantaa (cerca de 175km). Dos dois aeroportos há boas conexões de ônibus e trem que vão para o local.
Outras informações: Há missas em inglês nas tardes de domingo, e música ao vivo na catedral na maioria das noites de terça-feira.

FRANÇA

ABADIA DE SÉNANQUE *Provença, pp. 40-1*
Horário de funcionamento: Diariamente, o ano inteiro. A abadia pode ser conhecida em visitas guiadas.
Clima: O verão mais seco da França, com média de 300 dias de sol por ano. A temperatura varia entre a máxima de 29°C no verão e mínima de 3°C no inverno.
Como chegar: O aeroporto mais próximo é o de Avignon (4km), no qual é possível alugar um carro.
Outras informações: A lavanda dos campos que cercam Sénanque costuma florescer entre fim de junho e meados de outubro.

CARNAC, *Bretanha, p. 52*
Horário de funcionamento: Diariamente, o ano inteiro. Às vezes o acesso é restrito, especialmente no verão, para minimizar a erosão no local.
Clima: Verão quente e inverno ameno, com temperaturas médias de 25°C e 9°C, respectivamente. Julho e agosto são os meses de maior movimento turístico. É mais tranquilo visitar no fim da primavera ou início do outono.
Como chegar: O aeroporto mais próximo é o de St.-Brieuc (cerca de 110km). A estação ferroviária mais próxima que funciona o ano inteiro fica em Auray (13km). Também há conexões de ônibus e ferryboat.
Outras informações: É preciso pelo menos metade de um dia para percorrer todos os alinhamentos. Uma boa maneira de explorar o local é de bicicleta.

ROCAMADOUR, *Gourdon, pp. 62-3*
Horário de funcionamento: Diariamente (9h-19h), o ano inteiro.
Clima: Verão e inverno amenos, com temperaturas médias de 20°C e 4°C, respectivamente.

Como chegar: Os aeroportos mais próximos são os de Bergerac (cerca de 100km) e Toulouse (cerca de 130km), dos quais partem trens para Rocamadour, via Brive-la-Gaillarde.
Outras informações: Normalmente há de 3 a 5 visitas guiadas diárias a Rocamadour. Os horários mudam com frequência e são informados em um mural na entrada da cidade.

SAINTE-CHAPELLE, *Paris, pp. 68-9*
Horário de funcionamento: Diariamente (9h30-18h), março a outubro; novembro a fevereiro (9h-17h). Fecha no Natal, no Ano-Novo e 1º de maio.
Clima: Verão quente (máxima de 27°C) e inverno frio (mínima de 1°C).
Como chegar: O aeroporto mais próximo é o Aeroporto Internacional Paris-Charles de Gaulle. Outra opção é viajar de Londres a Paris no trem Eurostar. Do centro de Paris é fácil chegar à capela de metrô, ônibus ou carro.
Outras informações: Nas noites entre meados de março e outubro frequentemente há concertos de música clássica.

GRÉCIA

MOSTEIRO DE ROUSANOU, *Meteora, pp. 80-1*
Horário de funcionamento: Diariamente (9h-13h e 15h30-18h), o ano inteiro. Fechado às quartas-feiras no inverno.
Clima: Verão quente e seco e inverno frio, com muita neve. A temperatura frequentemente chega a 27°C no verão e cai para abaixo de 0°C no inverno.
Como chegar: Os aeroportos mais próximos são os de Larissa, Kozani e Ioannina (todos a cerca de 60-80km), mas você também pode voar até o Aeroporto Internacional de Atenas e de lá viajar de trem ou ônibus (ambos cerca de 7h) até Kalampaka, a cidade ao sopé das torres rochosas. Ali você pode ir ao mosteiro de táxi ou alugar uma motocicleta para fazer o percurso.
Outras informações: Há vários outros mosteiros no topo de penhascos em Meteora que merecem ser conhecidos, como os da Santíssima Trindade, Varlaam e Megalo Meteoro.

HOLANDA

OUDE KERK, *Amsterdã, pp. 50-1*
Horário de funcionamento: Segunda a sábado (11h-17h), domingo (13h-17h). Fecha em 30 de abril (Dia da Rainha), no Natal e no Ano-Novo.
Clima: Verão ameno e úmido (11°C-25°C) e inverno frio e imprevisível (1°C-7°C).
Como chegar: O aeroporto mais próximo é o Aeroporto de Schiphol, em Amsterdã. Outra opção é partir de Londres para Amsterdã, via Bruxelas, pelo trem Eurostar. É possível chegar ao local de trem e bonde.
Outras informações: Aproveite a visita guiada promovida de hora em hora para apreciar a vista da Velha Amsterdã do alto da torre da igreja.

IRLANDA

CROAGH PATRICK, *County Mayo, pp. 64-7*
Horário de funcionamento (centro de informação): Diariamente, abril e maio (10h-18h); junho a agosto (10h-19h); setembro e outubro (11h-17h). Entre novembro e março, os horários são limitados.
Clima: Tempo imprevisível, com geadas e chuvas às vezes torrenciais. A temperatura varia entre 10°C-17°C no verão e 3°C-8°C no inverno. Os melhores meses para fazer a escalada são entre abril e setembro.
Como chegar: O aeroporto mais próximo é o Aeroporto Internacional de Knock, de onde se chega à montanha em 45min de carro. Se você vier de fora da Europa, use os aeroportos de Shannon ou Dublin, dos quais há conexões de ônibus e trem para a vizinha Westport.
Outras informações: Leva-se cerca de 2h para subir até o pico e 1h30 para descer.

ISLÂNDIA

CACHOEIRA GOÐAFOSS, *Mývatn, pp. 48-9*
Clima: Verão ensolarado e seco e inverno frio, com muito vento. Temperaturas médias de 10°C e 0°C, respectivamente.
Como chegar: O aeroporto mais próximo é o Aeroporto Internacional Akureyri (cerca de 100km). A cachoeira fica no rio Skjálfandafljót. Os ônibus partem para a vizinha Mývatn, saindo de Akureyri, Husavik e Egilsstadir. A partir dali, há visitas organizadas à cachoeira.
Outras informações: O lago Ljósavatn, ao lado da cachoeira, também merece uma visita.

ITÁLIA

BASÍLICA DE SÃO FRANCISCO, *Assis, pp. 96-7*
Horário de funcionamento: Basílica Inferior aberta diariamente, 6h-19h. Basílica Superior aberta diariamente, 8h30-19h e até 18h no inverno.
Clima: Verão quente e seco, inverno frio. As temperaturas variam entre 18°C-28°C no verão e 1°C-7°C no inverno.
Como chegar: O aeroporto mais próximo é o de Perúgia, mas a maioria dos voos internacionais passa pelo Aeroporto de Fiumicino, em Roma. Você pode viajar de ônibus de Perúgia a Assis (1h) ou de ônibus ou trem de Roma a Assis (até 2h).
Outras informações: Visitas turísticas durante a missa da manhã de domingo são inapropriadas.

CATEDRAL DE SANTA MARIA ASSUNTA, *Torcello, Veneza, pp. 44-7*
Horário de funcionamento: Entre a Páscoa e o dia de São Gratus (7 de setembro), segunda a sábado (6h30-20h) e domingos e feriados (7h-20h); 8 de setembro até a Páscoa, segunda a sábado (6h30-12h e 15h-19h) e domingos e feriados (7h-12h e 15h-19h).
Clima: Verão úmido, especialmente em julho e agosto, com temperatura média de 17°C-27°C. No inverno, a temperatura média é 6°C-10°C, podendo cair para -3°C.
Como chegar: O aeroporto mais próximo é o Aeroporto Marco Polo, em Veneza. Também é possível ir a Veneza de trem da maioria das cidades italianas. Em seguida, vá a Torcello de *vaporetto*, partindo da Fondamenta Nuove ou de San Marco, ambos na ilha principal de Veneza.
Outras informações: Entre março e outubro é possível subir ao topo do campanário para apreciar a vista da laguna.

MONTALCINO E ABADIA DE SANT'ANTIMO, *Toscana, pp. 100-3*
Horário de funcionamento (abadia): segunda a sábado (10h15-12h30, 15h-18h30); domingos e feriados (9h15-10h45, 15h-18h). Não é permitido visitar durante as missas.
Clima: Verão quente com brisa (máxima de 38°C) e inverno frio (mínima de -6°C) com neve. Melhores épocas para visitar: primavera ou verão.
Como chegar: Os aeroportos mais próximos são os de Pisa (cerca de 150km) e Florença (cerca de 110km). Dos dois aeroportos há boas conexões de trem com Chiusi, a estação mais próxima a Montalcino. As estradas na Toscana geralmente são boas, e uma das melhores maneiras de viajar é de carro.

Outras informações: Montalcino é famosa pelo vinho Brunello di Montalcino, que você pode saborear em qualquer um dos restaurantes e bares da cidade ou nos vinhedos em volta dela.

NORUEGA

AURORA BOREAL, *pp. 78-9*

Épocas em que pode ser vista: Março, abril, setembro e outubro são os meses em que há maiores chances de a Aurora Boreal aparecer. Os melhores momentos para ver as luzes são no início da noite e à noite, com céu claro.

Onde: Vários locais ao norte do hemisfério norte, como Noruega, Groenlândia, Islândia, Canadá, Alasca e Rússia. Alguns dos melhores pontos para ver as luzes ficam na costa dos condados noruegueses de Tromsø e Finnmark, especialmente no Cabo Norte (Nordkapp).

Como chegar: Aeroportos do norte da Noruega, como os de Tromsø, Kirkenes e Alta. De trem, viaje ao norte pela Northern Railway entre Trondheim e Bodø. Também é possível chegar de ferryboat, barco e ônibus.

GRAVURAS RUPESTRES DO FIORDE ALTA, *Finnmark, p. 43*

Horário de funcionamento: Outubro a abril, segunda a sexta (8h-15h), sábados e domingos (11h-16h); maio, diariamente (8h-17h); junho a agosto, diariamente (8h-20h), setembro, diariamente (8h-17h). Fecha 1º de janeiro, 9-12 de abril, 1º de maio, 17 de maio, 24-26 de dezembro e 31 de dezembro.

Clima: Verão fresco (10°C-14°C) e inverno gelado (-7°C a -2°C).

Como chegar: O aeroporto mais próximo é o de Alta (8km). Há ônibus frequentes de Alta até o local; você também pode alugar um carro.

Outras informações: Há 45 diferentes sítios com petróglifos em Alta; é possível chegar à maioria deles por uma calçada de madeira.

PORTUGAL

ABADIA DE ALCOBAÇA, *Alcobaça, pp. 98-9*

Horário de funcionamento: Diariamente, abril a setembro (9h-19h) e outubro a março (9h-17h).

Clima: Verão leve, com temperatura pouco superior a 20°C, e inverno ameno, com temperatura raramente inferior a 10°C.

Como chegar: O aeroporto mais próximo é o Aeroporto Internacional de Lisboa. Há ônibus de Lisboa a Alcobaça; o percurso leva 2h. Outra alternativa é viajar de trem de Lisboa a Valado dos Frades, cobrindo os últimos 5km até Alcobaça de ônibus.

Outras informações: Não deixe de ver os túmulos entalhados de dom Pedro I e de Inês de Castro no transepto da abadia.

CONVENTO DE CRISTO, *Tomar, pp. 82-3*

Horário de funcionamento: Diariamente, junho a setembro (9h-18h), outubro a maio (9h-12h30 e 14h-17h).

Clima: Verão leve, com temperatura pouco superior a 20°C e inverno ameno, com temperatura raramente inferior a 10°C.

Como chegar: O aeroporto mais próximo é o Aeroporto Internacional Portela, de Lisboa (cerca de 120km). Há trens diários de Lisboa a Tomar, e o local é acessível de carro.

Outras informações: Procure os ornamentos suntuosos do portal da igreja, a rotunda (charola) e a janela oeste da casa paroquial.

REINO UNIDO

CAVALO BRANCO, *Uffington, Inglaterra, p. 42*

Clima: Verão ameno (média de 21°C) e inverno úmido, às vezes com névoa (média de 1°C). A melhor época para visitar é no verão, pois no inverno os ventos no alto do monte do Cavalo Branco podem ser muito fortes.

Como chegar: Os aeroportos mais próximos são o de Bristol (cerca de 100km) e o Heathrow, em Londres (cerca de 110km). A estação de trem mais próxima é Swindon, e há boas conexões de trem partindo dos dois aeroportos. Pode-se chegar ao local de carro, bicicleta ou ônibus. Há ônibus que partem de Faringdon, Wantage e Swindon e param a cerca de 200m de distância.

Outras informações: Tirando a opção de alugar um avião, as melhores vistas do cavalo são encontradas a cerca de 2,4km ao norte do local e também desde Dragon Hill, imediatamente abaixo.

CÍRCULO DE BRODGAR, *Orkney, Escócia, p. 53*

Clima: Verão com brisa (média de 12°C) e inverno frio, com vento (média de 4°C). Melhor época para visitar: abril a outubro.

Como chegar: O aeroporto mais próximo é o de Kirkwall (26 km). Também é possível viajar de Inverness até Thurso de trem e depois tomar um ônibus até o ferryboat em Scrabster que vai para Orkney. Outra opção é viajar até Aberdeen de trem e embarcar em um ferryboat ali.

Outras informações: A maioria dos visitantes vai a Brodgar no pôr do sol; se você quiser evitar o movimento, chegue mais cedo.

KING'S COLLEGE CHAPEL, *Cambridge, Inglaterra, pp. 58-9*

Horário de funcionamento: 6 de outubro a 4 de dezembro, 12 de janeiro a 12 de março e 20 de abril a 11 de junho, segunda a sexta (9h30-15h30), sábado (9h30-15h15), domingo (13h15-14h15). Durante o resto do ano (exceto feriados escolares) segunda a sábado (9h30-16h30), domingo (10h-17h).

Clima: Verão ameno (média de 21°C) e inverno chuvoso e com vento (média de 1°C). Na primavera e no outono o tempo pode ser imprevisível.

Como chegar: É fácil chegar a Cambridge de todos os aeroportos de Londres. Há trens frequentes partindo de Kings Cross, em Londres (cerca de 45min). Os ônibus que partem da estação de Cambridge param perto da faculdade. Há bicicletas para alugar.

Outras informações: Para ouvir o famoso coral da capela, procure chegar no horário da Véspera, que, durante o ano letivo, é às 17h30 de segunda a quarta, às sextas e aos sábados, e às 15h30 no domingo.

MORVERN, *nos arredores de Kinloch, Escócia, pp. 84-7*

Clima: De modo geral, frio e úmido, com chuva abundante. A temperatura média anual é 9°C.

Como chegar: Os aeroportos mais próximos são os de Edimburgo e Glasgow. Partindo de qualquer uma das cidades, chega-se a Morvern em algumas horas de trem ou de ônibus, mas viajar de carro é mais fácil.

Outras informações: O lago Teacuis, em Morvern, é ótimo para várias atividades ao ar livre, como caminhadas, escaladas e passeios de mountain bike.

ST. PETER-ON-THE-WALL, *Essex, Inglaterra, pp. 54-5*

Clima: Verão ameno (média de 21°C) e inverno chuvoso e com neblina (média de 1°C). Na primavera e no outono o tempo pode ser imprevisível.

Como chegar: É fácil chegar a Essex de todos os aeroportos de Londres. A estação de trem mais próxi-

ma é Southminster (11km), da qual se pode chegar à capela de carro. A caminhada do estacionamento até a capela leva cerca de 15-20min.
Outras informações: A romaria Bradwell acontece no primeiro sábado de julho de cada ano. Nesse dia, centenas de romeiros caminham da Igreja St. Thomas, em Bradwell, até St. Peter-on-the-Wall para uma missa ao ar livre, seguida de piquenique.

WISTMAN'S WOOD, *Devon, Inglaterra, pp. 92-5*
Clima: Clima temperado, mas imprevisível, mesmo no verão. A temperatura média varia entre 21°C no verão e 1°C no inverno.
Como chegar: O aeroporto mais próximo é o de Exeter (cerca de 56km). A estação de trem mais próxima é a de Newton Abbot (25km). Há serviços de ônibus locais em volta do Parque Nacional Dartmoor, mas são pouco frequentes, razão pela qual a melhor opção para chegar ao bosque é de carro. O estacionamento do Two Bridges Hotel, perto de Princetown, fica a 25min de caminhada do bosque.
Outras informações: A melhor época para ver as aves daqui é entre meados de abril e agosto.

REPÚBLICA TCHECA

IGREJA DE SÃO JOÃO NEPOMUCENO, *Zelená Hora, p. 71*
Horário de funcionamento: Diariamente (9h-17h), maio a setembro, exceto segunda-feira; abril a outubro apenas sábado, domingo e feriados (9h-17h).
Clima: Temperado, com verão ameno e inverno frio. A temperatura média é 19°C no verão e -1°C no inverno.
Como chegar: O aeroporto mais próximo é o de Kolin 9km). Partindo de Kolin e Praga, há trens para Kutná Hora město (1km), Kutná Hora předměstí (1km) ou Kutná Hora-Sedlec (2km). A partir de qualquer dessas estações, chega-se à igreja a pé ou de ônibus.
Outras informações: No verão você pode andar em volta do claustro para proteger-se do calor e, mesmo assim, terá uma ótima visão do exterior da igreja.

RÚSSIA

MOSTEIRO DE VALAAM, *Valaam, p. 70*
Horário de funcionamento: Variável. Pede-se aos visitantes que contatem o Departamento de Peregrinações, em São Petersburgo (tel. 812 186 99 23; fax 812 252 77 00) ou em Valaam (tel. 814 303 82 33) para marcar hora antes de embarcar para a ilha.
Clima: O microclima de Valaam faz com que sua temperatura seja mais alta que nas regiões vizinhas. A temperatura média no verão (junho a setembro) é 17°C; no inverno (novembro a março), pode cair para -8°C.
Como chegar: O aeroporto mais próximo é o de Petrozavodsk, do qual você pode ir às cidades de Sortavala, Lahdenpohja ou Pitkyaranta, na Carélia, e ir até Valaam de barco. Outra opção é fazer o trajeto em uma embarcação de cruzeiro, partindo de São Petersburgo ou Moscou. Os barcos do continente operam apenas entre maio e outubro.
Outras informações: Em Valaam e nas ilhas vizinhas há dez outras ermidas que podem ser visitadas, algumas delas habitadas e outras não.

SUÉCIA

GAMLA UPPSALA, *Uppsala, p. 88*
Horário de funcionamento (igreja): Diariamente, abril a setembro (9h-18h); outubro a março (9h-16h). **(museu):** diariamente, maio a agosto (11h-17h); setembro a abril, quarta, sábado e domingo (12h-15h). Os montículos funerários podem ser vistos o ano inteiro.
Clima: Verão ameno (máxima de 16°C) e inverno frio (mínima de -5°C). Melhor época para visitar: maio a setembro.
Como chegar: O aeroporto mais próximo é o de Estocolmo, do qual há boas conexões de ônibus e trem para Uppsala (cerca de 40min). A Uppsala você pode chegar à igreja a pé, de bicicleta ou no ônibus que para em Vaksalagatan.
Outras informações: O Velho Museu de Uppsala tem exposições sobre os mitos e ritos ligados ao local.

SUÍÇA

NOVA CAPELA DE SÃO BENEDITO, *Sumvitg, pp. 90-1*
Horário de funcionamento: Segunda a sábado, o ano inteiro.
Clima: Verão ameno (máxima de 18°C) e inverno frio (mínima de -1°C).
Como chegar: O aeroporto mais próximo é o Aeroporto Internacional de Zurique. Do aeroporto há trens para Sumvitg, com baldeação em Chur (cerca de 2h30-3h). A capela fica a 1km de Sumvitg, por uma estrada em subida íngreme.
Outras informações: Outra estrutura impressionante do arquiteto Peter Zumthor fica a 2h de carro de Sumvitg: o Therme Vals, complexo de spa erguido sobre uma fonte de água quente em Vals.

ÁFRICA E ORIENTE MÉDIO

ARÁBIA SAUDITA

MECA, *pp. 130-1*
Horário de funcionamento: Acesso proibido a não muçulmanos. Muçulmanos podem visitar o ano inteiro.
Clima: Clima desértico seco, com inverno quente e praticamente nenhuma chuva. Temperatura máxima de 37°C no verão (junho a agosto) e mínima de 3°C no inverno (dezembro a março). A melhor época para visitar é no inverno, quando a temperatura está mais suportável.
Como chegar: O aeroporto mais próximo é o Aeroporto Internacional King Abdul Aziz ou, para quem vem de ferryboat, há o porto marítimo de Jidda, distante cerca de 70km. De Jidda, viaje a Meca de ônibus, táxi ou carro particular. Observe que mulheres são proibidas de conduzir veículos.
Outras informações: Antes de entrar em Meca, os muçulmanos precisam obter um visto para o Hajj ou o Umrah (os dois tipos distintos de peregrinação).

ARMÊNIA

MOSTEIRO DE KHOR VIRAP, *província de Ararat, pp. 132-3*
Horário de funcionamento: Diariamente, o ano inteiro.
Clima: Variável, com verão muito quente, de junho a meados de setembro (30°C-35°C), e temperatura abaixo de 0°C no inverno, de novembro a abril (pode chegar a -30°C). Melhor época para visitar: abril a outubro.
Como chegar: O aeroporto mais próximo é o de Yerevan (cerca de 30km). Há *marshrutkas* (minivans compartilhadas) e ônibus diários de Yerevan a Khor Virap que levam cerca de 45min. Outra opção é alugar um carro no aeroporto.
Outras informações: Se você quiser descer o poço sob a Capela de São Gevorg, use calçados resistentes.

BOTSUANA

PLANÍCIE SALINA DE MAKADIKADI, *Makadikadi, pp. 140-3*
Clima: A estação seca é entre o fim de abril e início de novembro (média de 25°C); a estação chuvosa vai

de novembro a março (média de 30°C). O melhor é visitar na estação seca.
Como chegar: O aeroporto mais próximo é o Aeroporto Internacional de Maun (cerca de 195km), no qual você pode alugar um veículo 4x4.
Outras informações: A maioria das pousadas fica fechada na estação das chuvas, e os veículos podem atolar na lama. Mas ainda é possível conhecer a Planície Salina nessa época, em um safári aéreo.

CISJORDÂNIA

BELÉM, *Município de Belém, pp. 106-7*
Horário de funcionamento: A Igreja da Natividade fica aberta diariamente – no verão, 6h30-12h e 14h-19h30, e no inverno, 5h30-12h e 14h-17h. As grutas ficam fechadas para turistas nas manhãs de domingo. O Túmulo de Raquel pode ser visitado em qualquer momento exceto de domingo a quinta, 10h30-13h, no *Shabbat* (sábado) e nos feriados.
Clima: Verão quente e seco, junho a agosto (média de 26°C-30°C), e inverno ameno, dezembro a fevereiro (média de 9°C-18°C), com alguma chuva. Melhores épocas para visitar: primavera ou outono.
Como chegar: O aeroporto mais próximo é o Aeroporto Internacional Ben Gurion (cerca de 60km). De Jerusalém, tome um ônibus ou táxi no Portão de Damasco para ir a Belém (cerca de 40min).
Outras informações: Esteja preparado para enfrentar um interrogatório rigoroso nas barreiras militares na estrada de Jerusalém.

EGITO

MONTE SINAI, *península do Sinai, pp. 108-9*
Clima: Tempo quente e seco. A temperatura média é de 25°C-30°C durante o dia e 10°C-12°C à noite.
Como chegar: O aeroporto mais próximo é o de Sharm el-Sheikh (cerca de 90km). A única via de acesso ao monte Sinai é por estrada. O percurso entre Sharm el-Sheikh e o sopé da montanha leva cerca de 3h.
Outras informações: Programe-se para chegar por volta de 1h da manhã e suba a montanha a tempo de assistir ao nascer do sol desde o pico.

ETIÓPIA

LALIBELA, *zona de Semien Wollo, pp. 116-9*
Horário de funcionamento: Diariamente (8h-12h; 14h-17h), o ano inteiro, mas os horários podem variar.
Clima: A estação seca é entre outubro e maio, e a estação chuvosa, entre junho e setembro. A temperatura média permanece mais ou menos igual, em 25°C. Melhor época para visitar: outubro a março.
Como chegar: O aeroporto mais próximo fica em Lalibela. Também há ônibus diários de Adis Abeba (cerca de 640km). Outra possibilidade é alugar um carro em Adis Abeba, com motorista local.
Outras informações: Traga um farolete para poder ver o interior das igrejas talhadas da rocha.

IRÃ

MESQUITA DO XEQUE LOTFOLLAH, *Esfahan, p. 145*
Horário de funcionamento: Segunda a quinta e sábado e domingo (9h-21h), mas os horários de funcionamento podem variar.
Clima: Verão extremamente quente (junho a agosto), com temperatura superior a 38°C; inverno geralmente ameno (dezembro a fevereiro), com temperatura ocasionalmente abaixo de 0°C. Melhores épocas para visitar: setembro a novembro ou março a maio, quando a temperatura média é 21°C.
Como chegar: O aeroporto mais próximo fica em Esfahan (20km). A mesquita fica a curta distância de táxi do aeroporto. Também é possível chegar a Esfahan de trem, partindo de Teerã.
Outras informações: Vista-se discretamente; mulheres devem sempre manter a cabeça coberta com lenço.

SANTUÁRIO DO IMÃ REZA, *Mashad, pp. 138-9*
Horário de funcionamento: Diariamente, o ano inteiro.
Clima: Verão ameno, junho a agosto (média de 24°C), e inverno frio, dezembro a fevereiro (média de 3°C).
Como chegar: O aeroporto mais próximo é o Aeroporto Internacional de Mashad. Partindo de Teerã, também é possível viajar a Mashad de trem em 10-14h.
Outras informações: Vista-se discretamente; mulheres devem sempre manter a cabeça coberta com lenço.

ISRAEL

MONTE DO TEMPLO, *Jerusalém, pp. 120-1*
Horário de funcionamento: Domingo a quinta, 7h30-10h e 12h30-13h30. Fechado em feriados religiosos.
Clima: Verão quente, junho a agosto (31°C) e inverno ameno, dezembro a fevereiro (5°C), com alguma chuva. Melhores épocas para visitar: primavera e outono.
Como chegar: O aeroporto mais próximo é o Aeroporto Internacional Ben Gurion (cerca de 55km). Há boas conexões de ônibus e trem para Jerusalém das principais cidades de Israel e bons serviços de ônibus e táxi na cidade. O transporte público não funciona no *Shabbat* (sábado), mas é possível usar táxis compartilhados.
Outras informações: Esconda artigos religiosos não muçulmanos, como terços e Bíblias, quando estiver no Monte do Templo.

JORDÂNIA

PETRA, *Arabah, pp. 134-7*
Horário de funcionamento: Diariamente, por volta de 6h-17h (fecha ao pôr do sol), o ano inteiro.
Clima: Clima geralmente quente e seco, praticamente sem chuva. O calor é intenso entre junho e setembro (média de 32°C). Melhor época para visitar: entre meados de janeiro e maio, quando o clima está mais ameno (média de 13°C).
Como chegar: O aeroporto mais próximo é o Aeroporto Internacional Queen Alia (cerca de 275km), nos arredores de Amã. Daqui você pode ir de táxi a Amã e então tomar um ônibus no terminal rodoviário Wahdat até Arabah.
Outras informações: É possível alugar um cavalo e cavalgar até Petra.

MALI

GRANDE MESQUITA, *Djenné, pp. 104-5*
Horário de funcionamento: Diariamente, o ano inteiro. Observe que não muçulmanos são proibidos de entrar na mesquita propriamente dita.
Clima: Clima desértico quente com temporada de chuvas em julho e agosto. Temperatura máxima média anual superior a 30°C, mínima média de 13°C. Melhor época para visitar: novembro a fevereiro.
Como chegar: O aeroporto mais próximo é o Aeroporto Internacional Bamako-Sénou (cerca de 640km). De lá você pode ir a Mopti de ônibus ou em voo doméstico. Quando os rios estão cheios, você pode viajar de *pinasse* (barco tradicional) de Mopti até Djenné.
Outras informações: Aprecie as melhores vistas da mesquita dos telhados das casas vizinhas ou do Petit Marché.

SANTUÁRIOS DOGON, *Bandiagara, pp. 126-9*
Clima: Clima desértico quente o ano inteiro. As temperaturas médias variam entre 16°C e 39°C. Melhor

época para visitar: setembro a novembro.
Como chegar: O aeroporto mais próximo é o Aeroporto Internacional Bamako-Sénou (cerca de 640km). De lá você pode ir a Mopti de ônibus ou em um voo doméstico. De Mopti chega-se a Bandiagara por táxi ou ônibus (cerca de 2h).
Outras informações: Você pode contratar um guia dogon local e caminhar até os diversos povoados e seus santuários.

MARROCOS

MADRAÇAL DE BEN YOUSSEF, *Marrakech, p. 144*
Horário de funcionamento: Diariamente, abril a setembro (9h-19h), outubro a março (9h-18h).
Clima: Clima quente com verão abafado, junho a agosto (média de 17°C-38°C) e inverno ameno, novembro a março (média de 4°C-18°C). Melhores épocas para visitar: março a junho e setembro a dezembro.
Como chegar: O aeroporto mais próximo é o Aeroporto de Marrakesh-Menara (6km), do qual você pode ir à cidade de ônibus Airport Express, táxi ou carro alugado. Há trens para Marrakech que partem de Casablanca, Rabat e Tânger.
Outras informações: O local pode ficar bastante movimentado, com grandes grupos de turistas. Visite no horário do almoço ou perto do fim do dia para desfrutar de mais calma.

SÍRIA

MESQUITA UMAYYAD, *Damasco, p. 110*
Horário de funcionamento: Diariamente, o ano inteiro, sem horário fixo para visitas.
Clima: Verão quente e seco, junho a agosto (máxima de 38°C) e inverno frio, dezembro a fevereiro (mínima de 0°C), às vezes com neve. A temperatura varia pouco entre o dia e a noite.
Como chegar: O aeroporto mais próximo é o Aeroporto Internacional de Damasco, e a mesquita fica a pouca distância de táxi ou ônibus.
Outras informações: Tire seus sapatos na porta da mesquita e mantenha silêncio durante as orações. Vista-se discretamente; as mulheres devem sempre manter a cabeça coberta com lenço.

SUDÃO

PIRÂMIDES DE MEROE, *Meroe, pp. 122-3*
Clima: Verão quente e seco, junho a agosto (média de 16°C-31°C), inverno ameno, novembro a março (16°C-28°C). Melhor época para visitar: dezembro a fevereiro.
Como chegar: O aeroporto mais próximo é o Aeroporto Internacional de Cartum (cerca de 100km). Há trens de Cartum até Shendi, de onde se chega às pirâmides de táxi, em um percurso curto.
Outras informações: Para visitar as pirâmides é preciso obter uma autorização especial do Serviço de Antiguidades em Cartum.

TURQUIA

SANTA SOFIA, *Istambul, pp. 114-5*
Horário de funcionamento: Terça a domingo (9h-16h30).
Clima: Verão quente e seco, junho a setembro (16°C-28°C) e inverno ameno e chuvoso, novembro a abril (2°C-11°C). Melhor época para visitar: abril a outubro.
Como chegar: O aeroporto mais próximo é o Istambul Atatürk (20km). Você também pode viajar a Istambul em trens públicos ou no Expresso do Oriente (a partir da Hungria, Romênia, Grécia e Bulgária). Na cidade, pode optar entre ônibus, bondes, táxis, metrô ou carro alugado.
Outras informações: A Mesquita do Sultão Ahmed, ou Mesquita Azul, do século XVII, fica em frente à Santa Sofia.

ZIMBÁBUE

COLINAS DE MATOBO, *nos arredores de Bulawayo, pp. 124-5*
Clima: A estação seca vai do fim de abril a início de novembro; a estação chuvosa vai de novembro a março. A temperatura média varia entre 7°C-29°C na estação seca e 16°C 28°C na estação das chuvas. Melhores épocas para visitar: abril, maio, agosto e setembro.
Como chegar: O aeroporto mais próximo é o de Bulawayo (cerca de 30km). Durante a estação das chuvas é essencial contar com um veículo 4x4.
Outras informações: Os passeios organizados a cavalo são uma maneira incomum de percorrer o Parque Nacional Matobo.

ÁSIA

BUTÃO

MOSTEIRO DE TAKTSANG, *Paro, pp. 150-1*
Horário de funcionamento: Os horários variam; consulte o Conselho de Turismo do Butão antes de viajar.
Clima: Temperado. A temperatura média varia entre 15°C-25°C no verão (jun-ago) e 3°C-13°C no inverno (fim dez-meados fev). Melhores épocas para visitar: março a maio e setembro a novembro.
Como chegar: O aeroporto mais próximo fica em Paro, do qual você pode ir de carro até um estacionamento no sopé do penhasco do mosteiro (cerca de 20min). De lá, chega-se ao mosteiro a pé (2-3h) ou em lombo de burro (2h).
Outras informações: Não é permitido tirar fotos dentro do mosteiro. Os sapatos devem ser tirados na entrada da construção.

CAMBOJA

ANGKOR WAT, *Angkor, pp. 190-3*
Horário de funcionamento: Diariamente, do nascer do sol até o poente, o ano inteiro.
Clima: Clima tropical com temperaturas entre 21°C-35°C o ano inteiro. A melhor época para visitar é entre dezembro e abril, longe das monções.
Como chegar: O aeroporto mais próximo é o de Siem Reap (7km). Também se pode chegar a Siem Reap de ônibus desde a Tailândia (cerca de 6-9h) ou de ônibus (5-6h) ou barco (4-6h) de Phnom Penh. Em Siem Reap, alugue um carro ou vá de *tuk tuk* (riquixá motorizado).
Outras informações: Para obter a melhor vista dos templos de Angkor Wat, considere a possibilidade de alugar um helicóptero.

CHINA

FLORESTA DE PAGODES, *Shaolin, p. 185*
Horário de funcionamento: Diariamente (8h-17h30), o ano inteiro.
Clima: Verão quente e úmido, junho a agosto (máxima 29°C) e inverno geralmente ameno, dezembro a março (mínima -3°C). Às vezes há tufões na estação das chuvas (mai-out), por isso é melhor visitar em outra época.
Como chegar: O aeroporto mais próximo fica em Zhengzhou, do qual você pode ir de ônibus até o Templo Shaolin, fazendo baldeação em Dengfeng (cerca de 3h). Depois disso, chega-se à floresta após uma subida de 200m a pé.
Outras informações: O complexo do Templo Shaolin, morro abaixo em relação à floresta, também merece ser visitado.

MONTE TAI, *Shandong, p. 196*

Clima: Clima temperado de monção no sopé da montanha, máxima de 26°C no verão (mai-jul) e mínima de -5°C no inverno (nov-jan). No alto da montanha geralmente faz frio, às vezes abaixo de 0°C, o ano inteiro. Melhor época para visitar: abril a novembro.

Como chegar: O aeroporto mais próximo é o Aeroporto Internacional Jinan Yaoqiang (cerca de 140km). Daqui, pegue o trem ou o ônibus do aeroporto até Tai'an. De Tai'an, você pode optar entre ônibus locais ou um táxi que o levará diretamente à montanha.

Outras informações: Leva mais ou menos 4h subir o monte Tai pela rota leste, a mais usada.

SANTUÁRIOS NAS GRUTAS DE YUNGANG, *Shanxi, pp. 174-5*

Horário de funcionamento: Diariamente (8h-17h), o ano inteiro.

Clima: Frio e seco, com muita chuva e ocasionais tempestades de areia. A temperatura chega a 26°C no verão (jun-ago) e fica abaixo de 0°C no inverno (dez-mar). Melhor época para visitar: maio a outubro.

Como chegar: O aeroporto mais próximo é o de Datong (cerca de 16km da cidade de Datong). As grutas ficam a curta distância de ônibus ou táxi da cidade de Datong.

Outras informações: É proibido fotografar no interior das grutas.

TEMPLO DO CÉU, *Pequim, p. 197*

Horário de funcionamento: Diariamente, 5h-21h30 no verão e 6h-20h no inverno.

Clima: Verão quente e chuvoso, junho a agosto (18°C-31°C), e inverno frio e seco, dezembro a março (-10°C-4°C). Julho e agosto são os meses mais chuvosos. Melhores épocas para visitar: março a meados de maio, setembro e outubro.

Como chegar: O aeroporto mais próximo é o Aeroporto Internacional Pequim Capital (cerca de 30km). Ônibus locais e metrô vão até perto do Templo do Céu. Também se pode ir de táxi, alugar uma bicicleta ou um carro com motorista local.

Outras informações: Entre pelo portão sul (*nan men*) para encerrar o passeio com o Salão de Preces por Boas Colheitas.

COREIA DO SUL

ILHA DE CHEJU, *p. 184*

Clima: Verão quente e úmido, junho a agosto (máxima de 33°C), e inverno frio e seco, dezembro a fevereiro (mínima de 1°C). Podem ocorrer tufões perto do fim do verão.

Como chegar: O aeroporto mais próximo é o Aeroporto Internacional Jeju. Você também pode voar até os aeroportos de Busan ou Incheon, na Coreia do Sul continental, e embarcar em ferryboat, que faz o trajeto à noite. Para deslocar-se pela ilha, alugue um carro ou uma bicicleta ou use os táxis e ônibus locais.

Outras informações: Visite o Museu Chejudo de Folclore e História Natural, que tem rochas vulcânicas, artesanato popular e amostras da flora e fauna da ilha.

ÍNDIA

ÁRVORE DE BODHI, *Bihar, pp. 172-3*

Horário de funcionamento: O complexo do Templo Mahabodhi fica aberto diariamente (5h-21h).

Clima: Verão muito quente, abril a meados de junho (máxima 47°C), e inverno frio, dezembro e janeiro (mínima 4°C). A estação chuvosa é entre junho e setembro. Melhores épocas para visitar: fevereiro, março, outubro e novembro.

Como chegar: O aeroporto mais próximo fica em Patna (cerca de 105km), do qual você pode tomar um ônibus ou trem até Gaya; depois disso, há um curto percurso de ônibus ou táxi até Bodhgaya. Gaya tem também boas conexões de trem com Varanasi, Nova Déli, Kolkata e Puri.

Outras informações: O maior festival de Bodhgaya acontece em maio – o Buddha Jayanti (aniversário de Buda).

CAVERNAS DE ELLORA, *Maharashtra, pp. 170-1*

Horário de funcionamento: Diariamente, exceto terças-feiras, 9h até o pôr do sol (por volta de 17h30).

Clima: Três estações principais (verão de março a maio, temporada das chuvas de junho a setembro e inverno de novembro a fevereiro), com temperaturas entre quente e amena. A temperatura média é 32°C no verão e 16°C no inverno. Melhor época para visitar: outubro a fevereiro.

Como chegar: O aeroporto mais próximo é o de Aurangabad (15km). Há trens diários entre Mumbai e Aurangabad (cerca de 7h). De Aurangabad você pode ir às cavernas de táxi ou ônibus.

Outras informações: Você pode contratar um guia na bilheteria diante do Templo Kailasa por até quatro horas.

DARGAH DE NIZAMUDDIN, *Nova Déli, pp. 176-7*

Horário de funcionamento: Diariamente, do nascer do sol ao poente, o ano inteiro.

Clima: Verão muito quente, abril a junho (máxima 46°C), e inverno frio, novembro a janeiro (mínima -1°C). A estação chuvosa é entre fim de junho e meados de setembro. Melhores épocas para visitar: fevereiro a abril ou setembro a novembro.

Como chegar: O aeroporto mais próximo é o Aeroporto Internacional Indira Gandhi (23km). Chega-se a Nova Déli de ônibus ou trem de qualquer lugar da Índia, além do Nepal. Você pode usar o transporte público para chegar ao mausoléu (ônibus, táxi, metrô ou riquixá) ou alugar um carro.

Outras informações: Nas noites de quinta-feira, exceto no Ramadã, músicos qawwali (devocionais sufistas) tocam no santuário.

JAMA MASJID, *Nova Déli, pp. 146-9*

Horário de funcionamento: Diariamente, o ano inteiro. Para não muçulmanos, os horários são 8h30-12h30 e 13h45 até 30 minutos antes do pôr do sol.

Clima: Verão muito quente, abril a junho (máxima 46°C), e inverno frio, novembro a janeiro (mínima -1°C). A estação chuvosa é entre fim de junho e meados de setembro. Melhores épocas para visitar: fevereiro a abril ou setembro a novembro.

Como chegar: O aeroporto mais próximo é o Aeroporto Internacional Indira Gandhi (21km). Chega-se a Nova Déli de ônibus ou trem de qualquer lugar da Índia, além do Nepal. Você pode usar o transporte público para chegar à mesquita (ônibus, táxi, metrô ou riquixá) ou alugar um carro.

Outras informações: Vista-se com sobriedade; as mulheres devem sempre ter a cabeça coberta com lenço; antes de entrar na mesquita você deve tirar os sapatos e lavar os pés. Por uma pequena taxa, é possível subir o minarete sul da mesquita, de onde há uma bela vista da cidade (mulheres devem estar acompanhadas de um homem).

JANOG E TEMPLOS DE HIMACHAL PRADESH, *Himachal Pradesh, pp. 194-5*

Horário de funcionamento: Varia de povoado para povoado.

Clima: Verão temperado, meados de abril a junho (média de 14°C-20°C), e inverno muito frio, novembro a março (mínima de -7°C), com alguma neve. A estação chuvosa vai de julho a setembro. Melhor época para visitar: abril a junho.
Como chegar: O aeroporto mais próximo é o de Shimla (cerca de 40km). De Nova Déli, você pode tomar um trem para Kalka (cerca de 5h30), fazendo baldeação para Shimla (cerca de 5h). É possível chegar à maioria dos templos de carro. Janog fica a cerca de 1h de carro de Shimla.
Outras informações: Os principais destinos de peregrinação em Himachal Pradesh são Manikaran, Rawalsar, Paonta Sahib, Shimla, Kullu e Chamba.

TEMPLO BAHÁ'Í LÓTUS, *Nova Déli, pp. 180-1*
Horário de funcionamento: Segunda a sábado (9h30-17h30), o ano inteiro.
Clima: Verão muito quente, abril a junho (máxima 46°C), e inverno frio, novembro a janeiro (mínima -1°C). A estação chuvosa é entre fim de junho e meados de setembro. Melhores épocas para visitar: fevereiro a abril ou setembro a novembro.
Como chegar: O aeroporto mais próximo é o Aeroporto Internacional Indira Gandhi (23km). Chega-se a Nova Déli de ônibus ou trem de qualquer lugar da Índia, além do Nepal. Você pode usar o transporte público para chegar ao templo (ônibus, táxi, metrô ou riquixá) ou alugar um carro.
Outras informações: Filmes educativos sobre o Templo Bahá'í Lótus e a fé Bahá'í são exibidos ao longo do dia no centro de informações do templo (sete curtas-metragens por dia).

TEMPLO DOURADO, *Amritsar, pp. 202-5*
Horário de funcionamento: Diariamente, no verão 7h30-19h30, no inverno 8h-19h.
Clima: No verão (abr-jun) a temperatura chega a 43°C; na estação chuvosa (jul-set), a precipitação anual média é de 46-96cm; no inverno (out-mar) a temperatura pode cair para 4°C. Melhor época para visitar: novembro a março.
Como chegar: O aeroporto mais próximo é o de Amritsar; dele, você chega ao templo em um trajeto curto de táxi ou ônibus. Há também ônibus frequentes partindo de Nova Déli (cerca de 10h) e Chandigarh (cerca de 7h), além de um trem expresso de Nova Déli (cerca de 7h).

Outras informações: Experimente o *langar*, uma refeição sagrada gratuita preparada diariamente por fiéis e servida no templo.

TEMPLO RANAKPUR, *Rajastão, pp. 156-7*
Horário de funcionamento: Diariamente, 12h-17h para os não jainistas.
Clima: Quente e seco o ano inteiro, exceto na estação das monções (jun-set). A temperatura média mínima e máxima varia entre 22°C e 42°C. Melhor época para visitar: outubro a março.
Como chegar: O aeroporto mais próximo fica em Udaipur (cerca de 60km), do qual há ônibus diretos para o templo (cerca de 3h). Também é possível ir de riquixá ou táxi ou alugar um carro com motorista local.
Outras informações: Visite os outros templos do complexo, como o Parsavanath, o Amba Mata e o Surya.

INDONÉSIA

BOROBUDUR, *Java, pp. 198-201*
Horário de funcionamento: Diariamente, 7h-18h.
Clima: Quente e úmido, com estação seca (mai-set) e estação chuvosa (out-abr). A temperatura média varia entre 19°C e 30°C. A melhor época para visitar é na estação seca.
Como chegar: O aeroporto mais próximo é o Aeroporto Internacional de Adisucipto, em Yogyakarta. Chega-se a Yogyakarta também de trem e ônibus de outros pontos de Java e de ônibus desde Bali. O trajeto entre Yogyakarta e Borobudur leva cerca de 40min de carro. Você pode alugar um carro com motorista no aeroporto ou em hotéis, ou então alugar uma bicicleta ou motocicleta pequena.
Outras informações: Os templos hindus de Prambanan (20min de Yogyakarta) também merecem ser conhecidos.

JAPÃO

ILHA DE MIYAJIMA, *Hatsukaichi, pp. 166-9*
Clima: Verão quente e úmido, junho a agosto (18°C-31°C), e inverno geralmente ameno e ensolarado, dezembro a fevereiro (0°C-11°C). A estação chuvosa vai de meados de junho a meados de julho. Melhores épocas para visitar: fim de março, abril, maio e início de junho.
Como chegar: O aeroporto internacional mais próximo é o de Kansai, em Kyoto (cerca de 430km). Daqui você pode ir de trem até Hiroshima (cerca de 2h) e então seguir até a estação Miyajima-guchi (cerca de 45min). Da estação você pode embarcar em um ferryboat para a ilha de Miyajima (cerca de 30min).
Outras informações: Além de visitar o santuário, caminhe pelas trilhas no meio da natureza da ilha, como as trilhas de Uguisu, Momiji, Asebi e a Trilha da Natureza Tsutsumigaura.

JARDIM DE PEDRAS DE RYOAN-JI, *Kyoto, pp. 158-61*
Horário de funcionamento: Diariamente, março a novembro, 8h-17h; dezembro a fevereiro, 8h30-16h30.
Clima: Ameno, com verão quente e úmido. A temperatura varia entre 18°C a 33°C no verão (jun-ago) e -1°C a 17°C no inverno (meados nov-início mar). A estação das chuvas é em junho. Melhores épocas para visitar: março e abril ou setembro a novembro.
Como chegar: O aeroporto mais próximo é o Aeroporto Internacional de Kansai (cerca de 120km). Para chegar ao Jardim de Pedras, tome um trem até a estação Ryoanji-Michi (2h30) ou um ônibus.
Outras informações: Visite o jardim pela manhã, quando há menos pessoas no lugar.

SANTUÁRIO FUSHIMI INARI, *Kyoto, pp. 206-7*
Horário de funcionamento: Diariamente, do nascer do sol até o pôr do sol, o ano inteiro.
Clima: Ameno, com verão quente e úmido. A temperatura varia entre 18°C a 33°C no verão (jun-ago) e -1°C a 17°C no inverno (meados nov-início mar). A estação das chuvas é em junho. Melhores épocas para visitar: março e abril ou setembro a novembro.
Como chegar: O aeroporto mais próximo é o Aeroporto Internacional de Kansai, em Kyoto (cerca de 115km). Do aeroporto você pode ir de trem até a estação de Fushimi-Inari (cerca de 2h).
Outras informações: Leva-se cerca de 2h para percorrer a trilha inteira do santuário.

MIANMAR

PAGODE SHWEDAGON, *Yangun, p. 164*
Horário de funcionamento: Diariamente (4h-22h), o ano inteiro.
Clima: Quente o ano inteiro, com temperatura média de 30°C-35°C. Melhor época para visitar: logo após a estação das chuvas (jun-out).
Como chegar: O aeroporto mais próximo é o Aero-

porto de Yangon (Yangun) (16km). É possível chegar a Yangun de trem ou de ônibus, partindo de Mandalay, em cerca de 15h. Para deslocar-se por Yangun, a melhor opção é um táxi, pois os ônibus podem ser superlotados e caóticos. Observe que estrangeiros não podem alugar carros.

Outras informações: Vista-se com sobriedade quando visitar o pagode. Joelhos e cotovelos devem estar cobertos sempre.

SRI LANKA

MOSTEIRO NA FLORESTA DE ARANKALE, *província Noroeste, pp. 182-3*

Clima: Quente e úmido; temperatura média varia entre 22°C e 31°C. Melhor época para visitar: fora das duas temporadas de monções (mai-jul e dez-jan).

Como chegar: Os aeroportos mais próximos são o Aeroporto Victoria Resevour Kandy (cerca de 40km) e o Aeroporto Internacional Bandaranaike, em Colombo (cerca de 95km). Há ônibus frequentes de Colombo (cerca de 5h) e Kandy (cerca de 1h) para Kurunagala, de onde se chega a Arankale de táxi (25km).

Outras informações: A floresta de Arankale é um ótimo lugar para observar pássaros pela manhã.

PEGADA SAGRADA, *Adam's Peak, pp. 162-3*

Clima: Quente o ano inteiro (média máxima anual superior a 30°C). Melhor época para visitar: fora das duas temporadas de monções (mai-jul e dez-jan).

Como chegar: O aeroporto mais próximo é o Aeroporto Internacional Bandaranaike (cerca de 130km). Na temporada das peregrinações (dez-mai) há ônibus para a cidade de Dalhousie, no sopé da montanha, partindo de Kandy (cerca de 1h), Nuwara Eliya (cerca de 2h) e Colombo (cerca de 2h). Em outras épocas, você pode ir de ônibus ou trem a Hatton ou Maskeliya e, de lá, ir até Dalhousie de táxi.

Outras informações: Os caminhos que sobem a montanha só são iluminados na temporada de peregrinação. Mas ela pode ser escalada em outras épocas do ano – apenas não se esqueça de levar um farolete.

TAILÂNDIA

AYUTTHAYA, *província de Ayutthaya, pp. 152-5*

Clima: Quente e úmido; temperatura média varia entre 22°C e 36°C. Melhor época para visitar: novembro a fevereiro, fora da temporada das monções.

Como chegar: O aeroporto mais próximo é o de Bancoc (cerca de 95km), do qual há boas conexões de ônibus e trem com Ayutthaya. Também há cruzeiros de barco de Bancoc até o rio Chao Phraya, em Ayutthaya. É possível explorar Ayutthaya a pé ou de bicicleta. Também há ônibus, táxis, bondes e *tuk tuks* (riquixás motorizados).

Outras informações: Vista-se com sobriedade quando visitar os templos.

TIBETE

LHASA, *prefeitura de Lhasa, pp. 186-9*

Clima: Inverno frio e verão ameno. A temperatura pode chegar à máxima de 22°C em junho e à mínima de -10°C em janeiro. Mesmo quando o dia for ensolarado, a temperatura cai muito à noite, portanto, traga roupas de frio. Melhor época para visitar: abril a outubro.

Como chegar: O aeroporto mais próximo é o Aeroporto Lhasa Gonggar, no Tibete, e há voos frequentes vindos de Chengdu e Katmandu. Há trens regulares até Lhasa vindos de Pequim, via Xining/Lanzhou, Chengdu e Xi'an. Partindo de Pequim, o percurso de trem abrange duas noites. Da estação de Lhasa, o trajeto curto até a cidade pode ser feito de ônibus ou táxi.

Outras informações: Não deixe de visitar o Jokhang, o Potala e o circuito de peregrinação de Barkhor.

MONTE KAILASH, *Montes Gangdisê, p. 165*

Clima: Clima imprevisível de montanha, com verão quente, junho a agosto (máxima de 29°C) e inverno muito frio, novembro a março (mínima de -9°C).

Como chegar: O aeroporto mais próximo é o Aeroporto Lhasa Gonggar, no Tibete, e a estação ferroviária mais próxima é a de Lhasa (*acima*). Para ir até a montanha, você pode alugar um jipe com motorista em Lhasa.

Outras informações: Às vezes é possível hospedar-se em um mosteiro, mas é aconselhável levar barraca e alimentos. É possível alugar iaques e contratar carregadores em Darchen, no sopé da montanha.

VIETNÃ

BAÍA DE HA LONG, *Quảng Ninh, pp. 178-9*

Clima: Há duas estações principais: o verão quente e chuvoso (mai-set) e o inverno mais seco e fresco (dez-mar). A temperatura média varia entre 15 e 25°C. Melhor época para visitar: outubro a maio.

Como chegar: O aeroporto mais próximo é o Aeroporto Internacional de Hanói (cerca de 170km). A partir daqui você pode optar entre um ônibus público (cerca de 6h) ou táxi particular (cerca de 3h30). Também é possível chegar à baía de Ha Long de barco desde Haiphong (cerca de 75km) ou Hanói (cerca de 165km).

Outras informações: Faça um dos cruzeiros de barco que percorrem a baía e param nas várias cavernas.

AUSTRÁLIA E PACÍFICO

AUSTRÁLIA

BUNGLE BUNGLE, *Kimberley, pp. 210-1*

Horário de funcionamento: O centro de visitantes fica aberto diariamente entre maio e outubro (8h-12h e 13h-16h). Os acampamentos fecham entre meados de outubro e abril.

Clima: A temperatura máxima varia entre 32°C e 38°C e a mínima à noite raramente fica abaixo de 15°C. Melhor época para visitar: estação seca (mai-jun).

Como chegar: O aeroporto mais próximo é o de Kununurra (cerca de 250km), no qual você pode alugar um carro. No último trecho da estrada que leva aos Bungles (cerca de 55km de extensão) é preciso um carro 4x4. A maioria das pessoas aprecia a vista de Bungle Bungle sobrevoando a área de avião ou helicóptero.

Outras informações: É totalmente proibido escalar as torres rochosas de Bungle Bungle, por conta da fragilidade delas.

DESFILADEIRO DE CARNARVON, *Queensland, p. 217*

Horário de funcionamento (centro de informações): Diariamente, 8h-10h e 15h-17h.

Clima: Verão muito quente e úmido, novembro a março (máxima de 36°C). No inverno (jun-ago) a temperatura pode cair para -2°C.

Como chegar: Os aeroportos mais próximos são os de Roma (cerca de 250km) e Emerald (cerca de 240km), nos quais é possível alugar um carro. Se tiver chovido recentemente, você precisará de um veículo 4x4 para percorrer a estrada de cascalho que leva ao parque.

Outras informações: Visite o Jardim de Musgo e o Canyon Ward's, ambos parte do Parque Nacional Carnarvon (respectivamente cerca de 4km e 5km da área de piquenique do parque).

DEVIL'S MARBLES, *Território do Norte, pp. 224-5*
Clima: Semiárido, com verão quente, novembro a abril (23°C-34°C), e inverno ameno, maio a outubro (20°C-33°C). No inverno a temperatura pode cair para abaixo de 0°C à noite. Melhores meses para visitar: junho e julho.
Como chegar: Os aeroportos mais próximos são os de Darwin e Alice Springs, dos quais você pode embarcar em um voo fretado para o Aeroporto Tennant Creek (cerca de 100km de Devil's Marbles). Outra opção é ir a Tennant Creek de trem, partindo de Alice Springs, ou de ônibus partindo de Darwin ou Alice Springs. Em Tennant Creek você pode alugar um carro e dirigir até o local (cerca de 1h).
Outras informações: O sítio de Devils Pebbles fica logo ao norte de Tennant Creek. Versão mais compacta de Devil's Marbles, Pebbles também possui grande significado sagrado para a população local.

KATA TJUTA, *Território do Norte, p. 220*
Horário de funcionamento: O parque abre ao nascer do sol e fecha quando ele se põe, o ano inteiro. Centro de informações: diariamente, 8h-17h. Centro cultural: diariamente, 7h-18h. Administração do parque: diariamente, 8h-16h30.
Clima: Verão quente, outubro a abril (14°C-38°C), e inverno fresco, maio a setembro (3°C-26°C). No inverno a temperatura pode cair para abaixo de 0°C à noite.
Como chegar: O aeroporto mais próximo é o Aeroporto Ayers Rock (Connellan), em Yulara, do qual você pode ir de ônibus até o Parque Nacional Uluru-Kata Tjuta ou alugar um carro. O Aeroporto de Alice Springs fica a cerca de 6h de distância de carro.
Outras informações: Experimente percorrer a trilha Valley of the Winds, bastante difícil, ou a mais fácil, Walpa Gorge Walk.

LAGO MUNGO, *Nova Gales do Sul, p. 221*
Horário de funcionamento (centro de informações): segunda a sexta, 8h30-12h e 13h-16h30.
Clima: Variável, com temperaturas extremas que podem chegar a 40°C no verão (especialmente em janeiro e fevereiro) e cair para 0°C no inverno. Melhor época para visitar: março a outubro.
Como chegar: O aeroporto mais próximo é o de Pooncarie (cerca de 85km), do qual você pode ir ao Parque Nacional Mungo de carro. As estradas no parque e em volta dele podem tornar-se inacessíveis depois de chover.
Outras informações: Telefone celular não funciona no local, e não há comida ou combustível perto do parque.

ROCHEDO NOURLANGIE, *Território do Norte, pp. 222-3*
Horário de funcionamento: O parque abre ao nascer do sol e fecha quando ele se põe, o ano inteiro.
Clima: Estação seca, abril a setembro (média de 32°C); estação chuvosa, janeiro a março (média de 33°C). O período entre outubro e dezembro é de muito calor e umidade (média de 37°C). A melhor época para visitar é na estação seca.
Como chegar: O aeroporto mais próximo é o de Darwin (cerca de 255km). No aeroporto você pode alugar um carro ou tomar um ônibus diretamente para o Parque Nacional Kakadu.
Outras informações: Visite os sítios de arte rupestre de Ubirr e Nanguluwur, também parte do parque.

ULURU, *Território do Norte, pp. 212-5*
Horário de funcionamento: O parque abre ao nascer do sol e fecha quando ele se põe, o ano inteiro. Centro de informações: diariamente, 8h-17h. Centro cultural: diariamente, 7h-18h. Administração do parque: diariamente, 8h-16h30.
Clima: Verão quente, outubro a abril (14°C-38°C), com inverno ameno, maio a setembro (3°C-26°C). No inverno a temperatura pode cair para abaixo de 0°C à noite.
Como chegar: O aeroporto mais próximo é o Aeroporto Ayers Rock (Connellan), em Yulara, do qual você pode ir ao Parque Nacional Uluru-Kata Tjuta de ônibus ou carro. Outra alternativa é o Aeroporto de Alice Springs, distante cerca de 6 h de carro.
Outras informações: Não é permitido acampar no Parque Nacional Uluru-Kata Tjuta.

NOVA ZELÂNDIA

AORAKI/MONTE COOK, *Ilha do Sul, pp. 208-9*
Horário de funcionamento (Parque Nacional): Diariamente, janeiro a abril, 8h30-17h; maio a dezembro, 8h30-16h30.
Clima: No vilarejo de Aoraki/Mount Cook o verão é quente, dezembro a fevereiro (máxima de 32°C), e o inverno é gelado e com neve, junho a agosto (mínima de -13°C). A temperatura no alto da montanha é pelo menos 28°C mais baixa que no vilarejo de Aoraki/Mount Cook, e há ventos fortíssimos.
Como chegar: Os aeroportos mais próximos são os de Christchurch e Queenstown. Daqui você pode ir de voo fretado para um dos quatro aeroportos de Mackenzie – Glentanner, Mount Cook, Lake Pukaki e Lake Tekapo –, a partir dos quais pode-se ir de carro ao vilarejo de Aoraki/Mount Cook em menos de 1h. Outra opção é partir de ônibus de Christchurch, Queenstown ou outras cidades maiores para Twizel ou Lake Tekapo e então seguir viagem de carro; esta viagem pode levar um dia inteiro.
Outras informações: Se você pretende escalar a montanha, deve preencher um formulário no centro de informações do Departamento de Conservação assinalando a finalidade de sua viagem.

MONTE RUAPEHU, *Parque Nacional Tongariro, pp. 218-9*
Horário de funcionamento (centro de visitantes): Diariamente, novembro a março, 8h-18h; abril a outubro, 8h-17h.
Clima: Temperatura variável o ano inteiro. No verão (dez-mar) a temperatura chega a 25°C, caindo para -10°C no inverno (jun-ago).
Como chegar: O aeroporto mais próximo é o Aeroporto Internacional de Auckland (cerca de 350km de Turangi, a cidade mais próxima do Parque Nacional Tongariro). O Parque fica a curta distância, sendo acessível de carro ou ônibus de Turangi.
Outras informações: No verão é possível fazer um passeio com guia até a beira do lago na cratera do monte Ruapehu.

POLINÉSIA FRANCESA

TAPUTAPUATEA, *ilha de Raiatea, p. 216*
Clima: Quente e úmido entre novembro e março, com chuvas frequentes em janeiro e fevereiro, e fresco e seco entre abril e outubro. A temperatura média varia apenas entre 24°C e 32°C o ano inteiro.
Como chegar: O aeroporto mais próximo é o Aeroporto Raiatea, em Uturoa, a 1h de carro de Taputapuatea (o melhor é alugar um carro 4x4). Também é possível chegar ao local de barco pelo rio Faaroa.
Outras informações: Visite as outras atrações de Raiatea, como o monte Temehani e o rio Faaroa.

índice

créditos de imagem

A editora gostaria de agradecer aos seguintes museus, pessoas e bancos de imagem pela permissão de reproduzir suas fotos. Tomou-se todo o cuidado para identificar os detentores dos direitos autorais, porém, pedimos desculpas por omissões não intencionais dos proprietários de copyright não encontrados. Serão inseridos os devidos agradecimentos em edições subsequentes desta publicação.

a = alto b = embaixo

Páginas 2-3 AWL images/Antonia Tozer; **5** SuperStock/Robert Harding; **10-1** AWL images/Alan Copson; **12** Getty Images/Courtney Milne; **13** © Stéphane Compoint; **14-5** AWL images/Michele Falzone; **16** Getty Images/Stone/Andy Glass; **17** Corbis/Jose Fuste Raga; **18a** Photolibrary.com/Animals Animals/Rich Reid; **18b** Photolibrary.com/Radius Images; **20** Photolibrary.com/White/Don Smith; **21** Photolibrary.com/Pixtal Images; **22** Axiom/Andy Kerry; **23** Axiom/Guy Marks; **24-5** Superstock/Tony Linck; **26** Photolibrary.com/Jupiterimages; **27** Axiom/Chris Coe; **29** Photolibrary.com/Animals Animals/Gordon & Cathy Illg; **30** 4 Corners/SIME/Simeone Giovanni; **31** SuperStock/Karen G. Schulman; **32-3** Getty Images/Sami Sarkis; **34** Superstock/Hemis.fr; **35** SuperStock/age fotostock/Matz Sjoberg; **36-7** SuperStock/age fotostock/Alan Majchrowicz; **39** Photographers Direct/Cathy Jones; **40-1** Corbis/Herbert Kehrer; **42** Alamy/David Newham; **43** Photolibrary.com/imagebroker.net/Gerhard Zwerger-Schoner; **44** 4 Corners/SIME/Fantuz Olimpio; **45** Photolibrary.com/Tips Italia/Guido Alberto Rossi; **46** Scala; **47** Scala; **48-9** AWL images/Michele Falzone; **50-1** AKG-images/Bildarchiv Monheim; **52** Axiom/Hemis; **53** David Lyons; **54** Flickr/Coldmountain/Nick Watts; **55** David Laws; **56** AKG-images/Bildarchiv Monheim; **57** AKG-images/Erich Lessing; **58-9** Alamy/Terence Waeland; **60a** Antonio Cerezuela, Seville; **60b** Antonio Cerezuela, Seville; **62-3** AWL images/Doug Pearson; **65a** Lonely Planet/Gareth McCormack; **65b** 4 Corners/SIME/Rellini Maurizio; **66-7** Photolibrary.com/The Irish Image Collection; **68** AKG-images/Joseph Martin; **69** Sonia Halliday Photographs; **70** Alamy/RIA Novosti; **71** Alamy/isifa Image Service s.r.o./Jiri Berger; **72-3** Alamy/vario images/McPhoto; **74** Photolibrary.com/Robert Harding/R H Productions; **75** Photolibrary.com/Hemis/Hervé Hughes ; **76** AKG-images/Andrea Jemolo; **77** Photolibrary.com/F1 Online/Felix Stenson; **78-9** Photographers Direct/John Jordan, Helsinki; **80-1** AWL images/Peter Adams; **82-3** AWL images/Michele Falzone; **84** Alamy/Richard Childs Photography; **86-7** Alamy/Graham Uney; **88** Alamy/Nordicphotos/Anders Tukler; **89** Alamy/Antje Schulte; **90** Mark McCormick; **91** Photographers Direct/Emy Smith; **92-3** Photoshot/Woodfall; **94** Photolibrary.com/Britain on View/Nature Picture Library; **95** Photolibrary.com/Britain on View/Adam Burton; **96-7** 4 Corners/SIME/Spila Riccardo; **98** Art Archive/Chester Brummel; **99** Getty Images/Michele Falzone; **100** 4 Corners/SIME/Fantuz Olimpio; **101** SuperStock/age fotostock/Bruno Morandi; **102-3** 4 Corners/SIME/Da Ros Luca; **104** Axiom/Chris Caldicott; **105** AWL images/Nigel Pavitt; **106** fotoLibra/Yossi ROR/Ulrich W. Sahm; **107** Photographers Direct/Patrick Ellis; **108-9** Getty Images/National Geographic/Kenneth Garrett; **110** Corbis/Frédéric Soltan; **111** Alamy/dbimages; **112** Alamy/Images & Stories; **112-3** Angelo Hornak; **114** AWL images/Gavin Hellier; **115** AKG-images/Erich Lessing; **116** Photolibrary.com/Tips Italia/Franco Taddio; **117** Robert Harding/Andrew McConnell; **118** Axiom/Chris Caldicott; **119** Photolibrary.com/JTB Photo; **120** Corbis/Annie Griffiths Belt; **121** AWL images/Jon Arnold; **122-3** AWL images/Nigel Pavitt; **125a** Alamy/United Archives GmbH/KPA/Mauthe, Markus; **125b** Alamy/Images of Africa Photobank/Friedrich von Horsten; **126** Getty Images/National Geographic/Martin Gray; **127** Photolibrary.com/JTB Photo; **128-9** Photolibrary.com/JTB Photo; **130** Getty Images/Stone/Nabeel Turner; **131** Getty Images/Reza; **132-3** SuperStock/age fotostock/Wojtek

Buss; **134** Axiom/Jon Spaull; **135** Axiom/Hemis; **136-7** Axiom/Hemis; **138** Corbis; **139** Corbis/Kazuyoshi Nomachi; **140a** Getty Images/Gallo Images/Wim Van Den Heever; **140b** AWL images/Nigel Pavitt; **142-3** Axiom/Guy Marks; **144** Axiom/Chris Caldicott; **145** Getty images/Lonely Planet Images/Holger Leue; **146** Corbis/Reuters/Kamal Kishore; **147** Axiom/Karoki Lewis; **148-9** Corbis/epa/Anindito Mukherjee; **150** AWL images/Paul Harris; **151** Axiom/Doug McKinlay; **152** Axiom/Hemis; **153** AWL images/Peter Adams; **154-5** AWL images/Travel Pix Collection; **155** Axiom/Hemis; **156-7** Getty Images/Image Bank/Donata Pizzi; **158a** Photolibrary.com/Claire Takacs; **158b** Photolibrary.com/Claire Takacs; **160-61** Getty Images/Stone/Paul Chesley; **162-3** Robert Harding/David Beatty; **164** Axiom/Chris Caldicott; **165** Axiom/Ian Cumming; **166a** AWL images/Gavin Hellier; **166b** Getty Images/Sebun Photo/Hiroyuki Yamaguchi; **167** Corbis/B.S.P.I.; **168-9** Getty Images/Larry Dale Gordon; **169** AWL images/Christian Kober; **170** Robert Harding/Adam Woolfitt; **171** Photolibrary.com/Tips Italia/Luca Invernizzi Tettoni; **172** Photolibrary.com/Cusp/Bruno Levy; **173** Getty Images/Image Bank/Eric Meola; **174** Axiom/Timothy Allen; **175** Axiom/Timothy Allen; **176a** Alamy/Imagestate/Mark Henley; **176b** Fabian Foo; **178-9** AWL images/Danita Delimont Stock; **180-1** Axiom/Ian Cumming; **182a** Luxshmanan; **183b** Luxshmanan; **184** Photolibrary.com/JTB Photo; **185** Photolibrary.com/Frederic Soreau; **186** Axiom/Ian Cumming; **187t** Axiom/Ian Cumming; **187b** Axiom/Ian Cumming; **188-9** Axiom/Ian Cumming; **190-1** Axiom/Peter Rayner; **192a** AWL images/Walter Bibikow; **192b** AWL images/David Bank; **193** Axiom/Marc Jackson; **194** Corbis/Paul C. Pet; **195** Shabbir Khambaty and Swapnil Bhole; **196** Getty Images/Keren Su; **197** AWL images/Christian Kober; **198-9** Alamy/Mireille Vautier; **200** Getty Images/Stone+/joSon; **200-1** Getty Images/Image Bank/Philippe Bourseiller; **202** Alamy/Yadid Levy; **203** Corbis/epa/Raminder Pal Singh; **204-5** Robert Harding/Jeremy Bright; **206-7** Getty images/Lonely Planet Images/Frank Carter; **208-9** AWL images/Christian Kober; **210** Photolibrary.com/Ted Mead; **211** Photolibrary.com/Roel Loopers; **212** Photolibrary.com/Imagestate/Martin Ruegner; **213** Photolibrary.com/Ted Mead; **214** Photolibrary.com/E&E Image Library; **214-5** AWL images/Danita Delimont Stock; **216** Corbis/Douglas Peebles; **217** Corbis/Theo Allofs; **218-9** Getty Images/Image Bank/Laurie Noble; **220** AWL images/Danita Delimont Stock; **221** Corbis/Dave G. Houser; **222-3** Photolibrary.com/Radius Images; **224-5** Getty Images/Image Bank/Ted Mead.

LEGENDAS ADICIONAIS DE FOTOS

IMAGEM DA CAPA: Monte Wuyi, em Nanping, no sudeste da China, em cujas encostas foram encontradas ruínas de mais de 60 templos e mosteiros taoístas. As montanhas são consideradas sagradas na China, sendo vistas como colunas que ligam a Terra ao céu *(p. 196)*

PÁGINAS 2-3: Silhuetas de algumas das estupas nos terraços superiores de Borobodur, na Indonésia *(pp. 198-201)*

PÁGINA 5: Um sacerdote emerge de Bete Amanuel, uma das igrejas talhadas na rocha de Lalibela, Etiópia *(pp. 116-9)*

agradecimentos

A editora gostaria de agradecer às seguintes pessoas por sua contribuição inestimável nos textos deste guia: Peter Bently, Rachael Withers, Archie Bland, Cordelia Jenkins, Sarah Shuckburgh, Christopher Middleton, Tony Allan e Graham Simmons.